小学校英語サポートBOOKS

1日10分

語彙・表現がしっかり定着！

小学校外国語アクティビティ50

川村 一代 編著

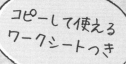

コピーして使える
ワークシートつき

明治図書

はじめに

　2020年度から新学習指導要領が全面実施されるにあたり，2018年度から移行措置期間に入りました。今回の学習指導要領改訂の目玉は，3・4年生における「外国語活動」の導入と，5・6年生における教科としての「外国語科」の開始でしょう。「外国語活動」はすでに5・6年生を対象に実施されてきた実績がありますが，「外国語科」は新たな科目のスタートとなります。

　今まで実施されてきた「外国語活動」とこれから本格的に始まる「外国語科」は何が違うのでしょう？　一言でいうなら，教科となる「外国語科」では，「定着」が求められる，ということが最も異なる点です。「定着」というと，単に知識や技能を記憶に留めることというイメージがありますが，そうではありません。「定着」というのは，知識や技能を，どんな場面や状況においても自由に使いこなせることをいいます。小学校外国語学習に特化すると，「外国語活動」では英語に慣れ親しむことが目的ですが，「外国語科」では場面や状況に応じた英語が使えるようになることが求められるのです。

　外国語学習の最終的な目標は，実際のコミュニケーションの場で外国語（英語）を使って臨機応変に対応できるようになることですが，そのための基盤となるのが「語彙」です。語と語が組み合わさって文ができていきます。「語」がわからなければ，何も始まりません。英語教育の世界的権威である Jane Willis 氏はその著書の中で，「生活上，最初に必要になるのは単語やフレーズであって，言っていることがわからないのは語彙がわからないからである」と述べています（Willis, J. (1996). A framework for task-based learning. Harlow: Longman.）。新学習指導要領では，小学校において600〜700語程度の語彙を扱うことになっています。

　本書は，その題名が示すように，「語彙・表現の定着」を目的に書かれたアクティビティ集です。英語の基礎となる「語彙」やそれらを使った簡単な「表現」を，アクティビティの中で実際に使いながら「定着」を図っていきます。なお，本書で扱う語彙や表現は，文部科学省の Let's Try! 1, 2, We Can! 1, 2 を参考に選定しました。

　さて，2020年度からの新学習指導要領全面実施に伴い，5・6年生対象の「外国語科」の時数が各学年年間70時間となり，時数の確保が課題となっています。各校におけるカリキュラム・マネジメントが求められており，対応は学校によって様々ですが，主に①週2回45分授業実施，②週1回45分授業と10〜15分間の短時間学習実施，の2パターンが考えられます。本書は，短時間学習のアイデアを提供することを目的としていますが，45分授業の中でも用いることができます。

　語彙や表現を定着させるには，様々な場面で繰り返し語彙や表現にふれることが重要です。本書のアクティビティを楽しみながら，児童の英語はもちろん，児童とともに活動を行うことにより，先生方の英語も「蓄積」されていくことを願ってやみません。

2018年10月　　川村　一代

本書の使い方

　本書は，小学校で学習される「語彙・表現」の「定着」を目的とした，10分間でできるアクティビティを50紹介しています。短時間学習用教材としてはもちろん，45分授業の中の活動として用いることもできます。以下に，本書の使い方を示します。

タイトルとサブタイトル

　タイトルはその活動で扱う語彙を，サブタイトルは活動の目標となっています。タイトルとサブタイトルを見て，使用するアクティビティを選んでください。

ねらい

　新学習指導要領では，外国語教育における「知識・技能」「思考力・判断力・表現力等」「学びに向かう力・人間性等」の3つの資質・能力を明確化したうえで，小中各学校段階の学びを接続し，「外国語を使って何ができるようになるか」が明らかになるように，目標・内容の改善・充実がなされています。これを受け，本書でも，「知識・技能」「思考力・判断力・表現力等」「学びに向かう力・人間性等」の3観点からねらいを定めました。

活動の進め方

　ほとんどの活動は，　ワークシートの配付　→　語彙・表現の確認　→　アクティビティ　→　振り返り　という流れになっています。以下で，進め方を詳しく見ていきましょう。

ワークシートの配付

　ワークシートを配付したらすぐに，日にち，曜日，学年，クラス，名前を書かせましょう。英語で日にちや曜日を聞いてもいいですね。その場合，What's the date today? What's the day today? Write today's date and day. Write your grade, class and name. といった英語を使えばよいでしょう。

語彙・表現の確認

　次に，ワークシートを使って，アクティビティで使う語彙と表現の確認をします。扱う語彙や表現は既習であるという前提ですので，リズミカルに復習していきましょう。英語を使って指示ができるよう，英語の指示文を字数が許す限り入れましたので，ご参照ください。

語彙の確認は基本的に2回行います。指導者は，1回目はリストの順番に発音し，2回目は順番を変えてランダムに発音します。児童はいずれも，該当するワークシートの絵を指さしながらリピートします。語彙を使った表現（文）の確認もできるとよいですが，アクティビティに時間をかけたい場合は，語彙か表現（文）いずれかの確認でもかまいません。児童の実態に応じて，どこに時間をかけるのかを決めてください。

アクティビティ

　アクティビティのやり方を言葉で説明するより，実際に活動を行って，児童に見本を見せてください。その活動ができそうな児童を指名し，デモンストレーションを手伝ってもらいましょう。アクティビティは，1回やって終わりにもできますが，あまりできていないようなら，同じ活動をもう一度繰り返してもよいでしょう。**バリエーション**という欄を設け，アクティビティの応用法を示しましたので，これらも児童や学習の状況に応じてご活用ください。

振り返り

　最後に，振り返りを行います。振り返りを蓄積していくと，児童の学習記録となり，評価をする際に活用できます。

ワークシート

　ワークシートは毎回コピーし，児童に配付してください。ワークシートは蓄積していくと，絵辞書になる仕組みとなっています。クラス全体で既習語彙・表現の復習をするときや，児童個人が思い出したい語を確認するときに使えます。

　ワークシートには毎回振り返りを書く欄があり，学習記録を残すことができるので，ポートフォリオ評価の一つに使うこともできます。児童一人ひとりが，毎回のワークシートをファイルして保管していけるような体制を整えてください。

読み・書きの扱い

　新学習指導要領では，音声で十分に慣れ親しんだ簡単な語句や基本的な表現を書き写すことが求められています。音声で慣れ親しんだ語彙や表現を書き写し視覚化することは，語順などの文構造や文字と音の対応への意識を高め，語彙や表現の定着に寄与すると考えます。そのため，本書では，読んだり書いたりするアクティビティも取り入れています。ワークシートには，児童が英語を書き写すことのできる四線を載せています。児童の中には早く書き写せる児童もいれば，時間のかかる児童もいます。四線のみのプリントを用意しておき，早く書き写せた児童には，それを与えてさらに練習できるようにすると，時間を有効活用できます。10分間という限られた時間です。最初から最後まで集中させ，暇な時間は与えないようにしましょう。

Contents

はじめに …………………………………………………………………………………… p.003
本書の使い方 ……………………………………………………………………………… p.004

Chapter 1　5年生向けのアクティビティ

❶ 毎日の日課（1）：自分の一日を紹介しよう ………………………… （聞くこと・話すこと）p.008
❷ 毎日の日課（2）：日課を言ったり書いたりしよう ………………… （話すこと・書くこと）p.010
❸ 日課と時間（1）：日課をする時間をたずねよう …………………… （聞くこと・話すこと）p.012
❹ 日課と時間（2）：週末の生活をたずねあおう ……………………… （聞くこと・話すこと）p.014
❺ お手伝いと頻度（1）：どんなお手伝いをどのくらいするか言おう ……… （話すこと・聞くこと）p.016
❻ お手伝いと頻度（2）：どんなお手伝いをどのくらいするか聞きあおう … （聞くこと・話すこと）p.018
❼ 文房具・学校にある物：背中の絵が何か伝えよう ………………… （話すこと・聞くこと）p.020
❽ 文房具と場所：物がどこにあるかたずねあおう …………………… （話すこと・聞くこと）p.022
❾ 部屋にある物と場所：物がどこにあるかたずねあおう …………… （聞くこと・話すこと）p.024
❿ スポーツ（1）：好きなスポーツを伝えよう ………………………… （話すこと・書くこと）p.026
⓫ スポーツ（2）：得意なスポーツを伝えよう ………………………… （聞くこと・話すこと）p.028
⓬ 教科（1）：好きな教科とその理由を言おう ………………………… （聞くこと・話すこと）p.030
⓭ 教科（2）：オリジナルの時間割をつくろう ………………………… （聞くこと・話すこと）p.032
⓮ 教科（3）：教科の名前を書き写そう ………………………… （聞くこと・話すこと・書くこと）p.034
⓯ 学校・教室（1）：どの部屋か当てよう ……………………………… （聞くこと・話すこと）p.036
⓰ 学校・教室（2）：お気に入りの場所を伝えよう ……………… （聞くこと・話すこと・書くこと）p.038
⓱ 施設・建物（1）：地図を完成させよう ……………………………………………… （聞くこと）p.040
⓲ 施設・建物（2）：道案内をしよう …………………………………… （聞くこと・話すこと）p.042
⓳ 食べ物（1）：好きな食べ物を注文しよう …………………………… （聞くこと・話すこと）p.044
⓴ 食べ物（2）：だれのためのメニューでしょう？ …………………… （聞くこと・話すこと）p.046
㉑ 国（1）：この国はどこにあるでしょう？ …………………………………………… （聞くこと）p.048
㉒ 国（2）：どの国のことでしょう？ …………………………………………………… （聞くこと）p.050
㉓ 国（3）：行きたい国やそこでしたいことを言おう ………………………………… （話すこと）p.052

Chapter 2 ▶ 6年生向けのアクティビティ

㉔ 誕生日（1）：誕生日をたずねあおう ……………………………………（聞くこと・話すこと）p.054
㉕ 誕生日（2）：誕生日にほしい物をたずねあおう …………………………（聞くこと・話すこと）p.056
㉖ 年中行事：どの季節の行事でしょう？ ……………………………………………（聞くこと）p.058
㉗ 日本文化紹介：日本の遊びや文化を紹介しよう …………………………（聞くこと・話すこと）p.060
㉘ 日本食紹介：おすすめの日本食を紹介しよう ………………………………………（話すこと）p.062
㉙ 都道府県紹介：自分の住む都道府県を紹介しよう ………………………（話すこと・書くこと）p.064
㉚ 施設・建物と町の紹介（1）：ほしい施設を伝えよう ……………………（聞くこと・話すこと）p.066
㉛ 施設・建物と町の紹介（2）：建物の名前を書き写そう …………………（聞くこと・書くこと）p.068
㉜ 人物紹介（1）：どんな性格か想像しよう …………………………………………（聞くこと）p.070
㉝ 人物紹介（2）：だれのことか当てよう ……………………………………（聞くこと・話すこと）p.072
㉞ 人物紹介（3）：友達の得意なことを紹介しよう …………………………（話すこと・聞くこと）p.074
㉟ 夏休みの思い出（1）：夏休みの思い出を話そう …………………………（聞くこと・話すこと）p.076
㊱ 夏休みの思い出（2）：夏休みの思い出を書き残そう ……………………（書くこと・読むこと）p.078
㊲ 小学校の思い出（1）：小学校の思い出をたずねあおう …………………（聞くこと・話すこと）p.080
㊳ 小学校の思い出（2）：小学校の思い出を発表しよう …………（聞くこと・書くこと・読むこと）p.082
㊴ 職業（1）：なりたい職業とその理由を話そう ……………………………（聞くこと・話すこと）p.084
㊵ 職業（2）：なりたい職業を書き写そう ……………………………（書くこと・聞くこと・話すこと）p.086
㊶ 中学校生活（1）：入りたい部活動をたずねあおう ………………………（聞くこと・話すこと）p.088
㊷ 中学校生活（2）：部活動の名前を書き写そう ……………………………（聞くこと・書くこと）p.090

Chapter 3 ▶ 5・6年生で活用できるアクティビティ

絵本の活用（㊸・㊹）を読む前に―英語の絵本のお話を聞こう ……………………………………… p.092
㊸ 絵本の活用（1）：どんなお話か聞いてみよう ……………………………（聞くこと・書くこと）p.094
㊹ 絵本の活用（2）：聞こえた英語を書き写してみよう ……………………（聞くこと・書くこと）p.095
英語の音と文字（㊺～㊿）を読む前に―簡単な単語を読んだり書いたりしよう ……………… p.096
㊺～㊿のねらいとワークシートの答え・解説 …………………………………………………………… p.098
㊺ 英語の音と文字（1）：sの音を聞いて，言って，書いてみよう ………（読むこと・書くこと）p.100
㊻ 英語の音と文字（2）：aの音を聞いて，言って，書いてみよう ………（読むこと・書くこと）p.102
㊼ 英語の音と文字（3）：tの音を聞いて，言って，書いてみよう ………（読むこと・書くこと）p.104
㊽ 英語の音と文字（4）：iの音を聞いて，言って，書いてみよう ………（読むこと・書くこと）p.106
㊾ 英語の音と文字（5）：pの音を聞いて，言って，書いてみよう ………（読むこと・書くこと）p.108
㊿ 英語の音と文字（6）：nの音を聞いて，言って，書いてみよう ………（読むこと・書くこと）p.110

Chapter1　5年生向けのアクティビティ

毎日の日課（1）

5年 聞くこと・話すこと

自分の一日を紹介しよう

語　　彙	get up, wash my face, brush my teeth, comb my hair, get dressed, have breakfast, go to school, study at school, go home, play with my friends, do my homework, eat dinner, take a bath, watch TV, read a book, go to bed
表　　現	I ~.
活動形態	全体（聞く）→ペア（聞く・話す）
準 備 物	ワークシート人数分

活動の進め方（番号つけゲーム）：Let's play a numbering game.

① 指導者はワークシートの日課の英語を発音し（1回目は順番，2回目はランダム），児童はワークシートの絵を指さしながらリピートする。：Touch the picture, and say the phrase.

② 指導者は自分の一日の日課を英語で話し，児童は聞こえた順に番号をワークシートに記入する。：Listen to my day. Write the number in the worksheet.
例）Number 1, I get up. Number 2, I wash my face. Number 3, ………（続ける）

③ 児童は隣の児童とペアになる。：Please make pairs.

④ ペアの一人が自分の一日の日課を英語で話し，もう一人は聞こえた順に番号をつけていく。終わったら役割を交代する。：Talk about your day. When you finish, switch the roles.

★ バリエーション

- 時間が余れば，前後でペアになり，同じ活動を行う。
- ペアでの活動が難しそうであれば，自分の一日を英語で言えそうな児童に前で発表させ，他の児童はその順番をワークシートに書き，後日，ペア活動をするとよい。

ねらい

【知・技】日課を表す表現を身につける。
【思判表】自分の一日を英語で表現し，先生や友達と同じことを同じ順番で行うのか比べる。
【学・人】英語が聞き取れないときは，Please say it again. などと聞き返し，理解できるよう自ら働きかける。

ワークシート ① 毎日の日課（１）

Date :　　/　　Day :　　　Grade :　　　Class :　　　Name :

▶ 聞こえた順に番号をつけましょう。

先生 (　　) 友達 (　　)	先生 (　　) 友達 (　　)	先生 (　　) 友達 (　　)	先生 (　　) 友達 (　　)
get up	wash my face	brush my teeth	comb my hair
先生 (　　) 友達 (　　)	先生 (　　) 友達 (　　)	先生 (　　) 友達 (　　)	先生 (　　) 友達 (　　)
get dressed	have breakfast	go to school	study at school
先生 (　　) 友達 (　　)	先生 (　　) 友達 (　　)	先生 (　　) 友達 (　　)	先生 (　　) 友達 (　　)
go home	play with my friends	do my homework	eat dinner
先生 (　　) 友達 (　　)	先生 (　　) 友達 (　　)	先生 (　　) 友達 (　　)	先生 (　　) 友達 (　　)
take a bath	watch TV	read a book	go to bed

▶ 今日の振り返り：先生や友達の日課が聞けましたか。自分の日課が英語で言えましたか。

....
....

2 毎日の日課（2）

5年 話すこと・書くこと

日課を言ったり書いたりしよう

- **語　彙**　get up, wash my face, brush my teeth, comb my hair, get dressed, have breakfast, go to school, study at school, go home, play with my friends, do my homework, eat dinner, take a bath, watch TV, read a book, go to bed
- **表　現**　I ~.
- **活動形態**　グループ（話す）→個人（書く）
- **準 備 物**　ワークシート人数分

活動の進め方（ジェスチャー伝言ゲーム）：Let's play a gesture 伝言 game.

① 指導者はワークシートの日課の英語を発音し（1回目は順番，2回目はランダム），児童はワークシートの絵を指さしながらリピートする。：Touch the picture, and say the phrase.

② 児童に後ろを向かせ，各列の一番前の席の児童は指導者のところへ集まる。：Everyone, turn back. First line, please come to me.（伝える文を小声で知らせる）

③ 一番前の席の児童は2番目の席の児童にジェスチャーで意味を伝え，2番目の児童はその英文を小声で言う。

　一番前：ジェスチャーをする。
　2番目：I wash my face.
　一番前：That's right.
　2番目：3番目の児童にジェスチャーをする。（以下同じように続ける）
　　　　（どうしても伝わらないときは，ワークシートで示す）

④ 一番後ろの席の児童は，伝わった文を指導者に伝え，答えあわせをする。

⑤ 答えがあっていたら，児童は伝わった文を四線に書き写す。：Please write the sentence.

★ バリエーション

- 各列に違った文を伝える。
- 一番前の児童が伝える文を選ぶ。

ねらい

【知・技】日課を表す表現を身につける。
【思判表】ジェスチャーが表す意味を考え，それを英語で表現し，その文を書き写す。
【学・人】相手に意味が伝わるよう，ジェスチャーを工夫する。

ワークシート ② 毎日の日課（２）

Date :　　/　　Day :　　　Grade :　　　Class :　　　Name :

▶ 伝わってきた文に〇をつけましょう。

get up	wash my face	brush my teeth	comb my hair
get dressed	have breakfast	go to school	study at school
go home	play with my friends	do my homework	eat dinner
take a bath	watch TV	read a book	go to bed

▶ 伝わってきた文を上から選んで，書き写しましょう。

I ●

I ●

▶ 今日の振り返り：ジェスチャーで表現された日課を英語で言ったり書き写したりできましたか。

3 日課と時間（1）

5年 聞くこと・話すこと

⇩ 日課をする時間をたずねよう

語　彙	go to school, eat dinner, take a bath, go to bed
表　現	Do you ~ at ~? Yes, I do. I ~ at ~. / No, I don't. I don't ~ at ~.
活動形態	ペア（聞く・話す）
準備物	ワークシート人数分

活動の進め方（予想して聞こう）：Let's guess and ask.

① 指導者はワークシートの日課の英語を発音し（1回目はフレーズ，2回目は文），児童はワークシートの絵を指さしながらリピートする。：Please touch the picture, and say the phrase.

② 児童は，指導者が表にある日課をする時間を予想して書く。：What time do I go to school? Do I go to school at 7:00? Do I go to school at 7:30? Please guess and write the time.

③ 児童を指名し，指導者に何時に何をするのかを聞かせる。：Please watch us.

児童A：Do you go to school at 7:30?
指導者：No, I don't. I don't go to school at 7:30. Sorry.
児童B：Do you go to school at 7:00?
指導者：No, I don't. I don't go to school at 7:00.
児童C：Do you go to school at 7:15?
指導者：That's right. I go to school at 7:15 every morning.

④ 児童は隣の席の児童とペアになって相手の日課の予想時間を書き，英語で答えあわせをする。：Please make pairs. Write your 予想 time, and check your answers.

⑤ 隣の児童とのインタビューが終わったら前後でペアを組み，同じように予想して聞く。

★ バリエーション

- 表にある以外の日課の時間について聞くよう指示し，どんな質問をしたか発表させる。

ねらい

【知・技】日課を表す表現と時間の言い方を身につける。
【思判表】相手が何時に何をするのか考え，英語で聞く。
【学・人】予想した時間が外れても，当たるまで聞き続ける。

ワークシート ❸　日課と時間（1）

Date :　　/　　Day :　　Grade :　　Class :　　Name :

▶毎日の日課をする時間を予想して，英語で答えあわせをしよう。

Do you ~ <u>at</u> ~? Yes, I do. No, I don't.	先生		友達 名前		友達 名前	
	予想	回答	予想	回答	予想	回答
go to school						
eat dinner						
take a bath						
go to bed						

▶今日の振り返り：相手が日課をする時間を予想して，英語で確かめることができましたか。

4 日課と時間（2）

5年 聞くこと・話すこと

週末の生活をたずねあおう

- **語　彙**　get up, go to bed, Saturday, Sunday
- **表　現**　What time do you ~ on ~? I ~ at ~.
- **活動形態**　ペア（聞く・話す）
- **準備物**　ワークシート人数分

活動の進め方（インタビュー）：Let's interview your friends.

① 指導者はワークシートの日課の英語を発音し（1回目はフレーズ，2回目は文），児童はワークシートの絵を指さしながらリピートする。：Touch the picture, and say the phrase.

② 指導者が児童とやりとりのデモンストレーションをする。：Please watch us.

　指導者：What time do you get up on Saturday?
　児　童：I get up at 6:00.
　指導者：You get up at 6:00 on Saturday. Wow.（ワークシートに回答を書く）Why?
　児　童：I play baseball.（英語で言えなければ日本語でもよい）
　指導者：I see. Nice. What time do you get up on Sunday?（以下，同じように続ける）

③ 児童は隣の児童とペアになって聞き合い，ワークシートに回答を記入する。：Please make pairs. Ask each other. Write the answer in the worksheet.

④ 終わったら，前後・斜めでインタビューする。：When you finish, change partners.

★ バリエーション

- 慣れるまでは，児童を1人指名し，全員でその児童にインタビューしてもよい。
- 他の曜日や，他の日課について聞かせる。

ねらい

【知・技】特定の曜日の何時に何をするか，聞いて答える表現を身につける。

【思判表】週末の起床時間や就寝時間と，その時間に起きたり寝たりする理由を既習表現を活用して英語で表現する。

【学・人】理由を英語で表現できない場合は，ジェスチャーを使うなど工夫して相手に言いたいことを伝えようとする。

ワークシート ④ 日課と時間（２）

Date ：　　／　　　Day：　　　Grade：　　　Class：　　　Name：

▶友達に，週末に起きる時間・寝る時間とその理由を聞こう。

What time do you ~ on ~?	get up		go to bed	
	Saturday	Sunday	Saturday	Sunday
友達の名前 例　あかりさん	8：00 休みだから。	7：00 朝ご飯をつくるお手伝いをするから。		

▶今日の振り返り：週末に起きたり寝たりする時間やその理由を，英語で友達に伝えられましたか。

5 お手伝いと頻度（1）

5年 話すこと・聞くこと

⬇ どんなお手伝いをどのくらいするか言おう

語　彙　make my bed, wash the dishes, clean my room, take out the garbage, get the newspaper, never, sometimes, usually, always

表　現　I usually wash the dishes.

活動形態　全体（聞く）→ペア（聞く・話す）

準 備 物　ワークシート人数分，お手伝いを表す絵カード，ワークシート下の「どれくらいものさし」を切って拡大しておく。

活動の進め方（どれくらいものさし）：Let's make "どれくらいものさし."

① 頻度を表す言葉を紙の長さを使って説明する。：Please watch me.
　例）I make my bed. と言ってベッドを整える絵カードを黒板に貼る。I always make my bed. と言って拡大した「どれくらいものさし」を全部広げて絵カードの左に貼る。I wash the dishes. と言って皿を洗う絵カードを黒板に貼る。I usually wash the dishes. と言ってものさしを80％の右側の線のところで折って絵カードの左に貼る。同様に sometimes と never も提示する。

② ワークシートの下の「どれくらいものさし」を切るよう指示する。：Cut the paper.

③ 児童は，自分がお手伝いをする頻度に合わせて紙の長さを点線で折って調節し，ワークシートのお手伝いの項目の左にものさしをあて，自分にあてはまる頻度を表す語を選んで英文を言う。項目ごとに全員で語順を確認する。

④ ペアでものさしを見せながらお手伝いの頻度を言う。：Make pairs, and say each other.
　児童A：I sometimes wash the dishes.（半分に折った紙を見せながら）
　児童B：Great! I never wash the dishes.（紙を手で隠して）

★ バリエーション

- ④は，グループで言わせたり，一人ずつ前で言わせたりしてもよい。
- 「どれくらいものさし」を使って，お手伝い以外の動作の頻度を表現する。

ねらい

【知・技】お手伝いを表す言い方と頻度を表す言葉を身につける。

【思判表】どれくらいの割合で自分がお手伝いをするか考えながら，適切な頻度を表す言葉を選んで表現する。

【学・人】どれくらいものさしをわかりやすく相手に見せ，頻度を伝える。

ワークシート ⑤ お手伝いと頻度（1）

Date：　　/　　Day：　　Grade：　　Class：　　Name：

▶ どれくらいの割合でお手伝いをするのか言ってみよう。

	make my bed
	wash the dishes
	clean my room
	take out the garbage
	get the newspaper

▶ 今日の振り返り：お手伝いをどれくらいの割合でするか，紙の長さを調節しながら言えましたか。

▶ 下の四角の部分（どれくらいものさし）を切り取りましょう

never 0%	sometimes 50%	usually 80%	always 100%

6　お手伝いと頻度（2）

5年　聞くこと・話すこと

⬇ どんなお手伝いをどれくらいするか聞きあおう

- **語　彙**　make my bed, wash the dishes, clean my room, take out the garbage, get the newspaper, walk my dog, water the plants, never, sometimes, usually, always,
- **表　現**　Do you wash the dishes? Yes, I do. I sometimes wash the dishes.
- **活動形態**　ペア（聞く・話す）
- **準備物**　ワークシート人数分

活動の進め方（予想して聞いてみよう）：Guess and ask.

① 指導者はワークシートの頻度やお手伝いを表す英語を発音し（1回目は順番，2回目はランダム），児童はワークシートの絵を指さしながら繰り返す。：Touch the picture, and say the phrase.

② 児童はペアになり，相手のお手伝いの頻度を予想して当てはまると思う欄に〇をする。
　：Think about your partner. Never? Sometimes? Usually? Always? Draw a circle.

③ 児童は交代でパートナーに質問し，予想が当たっていたら〇を◎にする。：Please make pairs and ask each other.

　児童A：Do you always make your bed?
　児童B：No, I don't. Do you sometimes wash the dishes?
　児童A：Yes, I do.（児童Bは自分のワークシートの〇を◎にする）（交代で質問を続ける）

④ ◎が多かった人の勝ち。：How many double circles?

⑤ 相手に質問するときは，my bed, my room, my dog の my が your になることを確認する。

★ バリエーション

- やり方に慣れるまでは，指導者の頻度を予想させ，指導者と児童で行ってもよい。
- 時間が余れば，パートナーを変えて同じように行う。

ねらい

- 【知・技】頻度を表す副詞や，お手伝いを表す表現を身につける。
- 【思判表】相手がどのくらいの割合でお手伝いをしているかを考え，予想があっているかどうか英語で確かめる。
- 【学・人】相手の予想が当たったときは Nice. Great. 外れたときは Sorry. など，相手の言ったことに反応する。

ワークシート ⑥ お手伝いと頻度(2)

Date :   /   Day :   Grade :   Class :   Name :

▶ 相手がお手伝いをしている割合を予想して○をしましょう。

	Do you ~?				
	never (0 %)	sometimes (50 %)	usually (80%)	always (100%)	
I					make my bed
					wash the dishes
					clean my room
					take out the garbage
					get the newspaper
					walk my dog
					water the plants

▶ 今日の振り返り:予想があっていたかどうかを英語で確かめられましたか。

....
....

019

7 文房具・学校にある物

5年 話すこと・聞くこと

背中の絵が何か伝えよう

語　彙	pencil, eraser, ruler, crayon, glue stick, scissors, pen, stapler, magnet, marker, pencil sharpener, pencil case, notebook, textbook, desk, chair, clock, calendar, cap, map, globe, glove, bat, frying pan, microscope, beaker, piano, recorder, brush, triangle
表　現	What's this? It's a ~. Hint, please. That's right. Cross. Sorry. Try again.
活動形態	グループ（聞く・話す）
準備物	ワークシートの絵をコピーして絵カードを切っておく（人数より多めに用意しておく）。拡大した絵カード1枚，洗濯ばさみ人数分，ワークシート人数分

活動の進め方（背中の絵は何？）：Let's play "What's on your back?" game.

① 指導者はワークシートの英語を発音し（1回目は順番，2回目はランダム），児童は絵を指さしながらリピートする。：Please touch the picture, and say the word.

② 指導者が絵カードを見ないようにして，自分の襟に洗濯ばさみで絵カードをつけ，デモンストレーションする。：Please watch the demonstration.

　指導者：（背中を指さしながら）What's this? Hint, please.　　児童：It's long.
　指導者：Oh, it's long.（わからないふりをし）Hint, please.　　児童：Write.
　指導者：Write.（書くジェスチャーをし）Is it a pencil?　　児童：That's right.

③ 洗濯ばさみと絵カードを配り，絵カードを見せないようにして隣の人の襟に絵カードをつけるよう指示する。：Make pairs. Put the picture card on your partner's collar.

④ 答えがわかったら教師に答えを知らせるよう言い，ゲームを始める。：Please come to me, and say the answer. Let's start.

⑤ 答えを言いに来た児童の答えがあっていれば，新しいカードとつけ替える。

★ バリエーション

- 絵カードを変えれば，いろいろな単語の復習ができる。

ねらい

【知・技】既習単語を想起し，定着を図る。

【思判表】既習表現・単語を活用し，英語でヒントを出し，英語で言えないときも工夫して相手に意味を伝える。

【学・人】相手に聞こえるよう，大きな声ではっきりとヒントを出す。

ワークシート ⑦ 文房具・学校にある物

Date :　　/　　Day :　　Grade :　　Class :　　Name :

pencil	eraser	ruler	crayon	glue stick
scissors	pen	stapler	magnet	marker
pencil sharpener	pencil case	notebook	textbook	desk
chair	clock	calendar	cap	map
globe	glove	bat	frying pan	microscope
beaker	piano	recorder	brush	triangle

▶ 今日の振り返り：相手のヒントから答えがわかりましたか。相手にヒントが伝わりましたか。

8 文房具と場所

5年 話すこと・聞くこと

物がどこにあるかたずねあおう

語　彙 scissors, pencil, calendar, cap, clock, book, watch, eraser, ruler, textbook, crayon, glue stick, stapler, marker, pencil case, notebook

表　現 Where is ~? It's on the ~. Right. Left. First. Second.

活動形態 ペア（聞く・話す）

準備物 ワークシート人数分

活動の進め方（NASAゲーム）: Let's play NASA game.

① 指導者はワークシートの文房具や教室の中の物を表す単語を発音し（1回目は順番，2回目はランダム），児童はワークシートの絵を指さしながらリピートする。: **Please touch the picture, and say the word.**

② 児童Aは3つの物を選んで，教室の絵のどこかに選んだ物を書く。選んだ3つの物は，事前に児童Bに伝えておく。: **Pick up three items, and write these names in the picture.**

③ 児童は背中合わせになって座る。児童Bは児童Aに3つの物がどこにあるのかたずね，その答えから想像して3つの物の名前を自分の教室の絵の中に書く。

児童B：Where is the cap?　　児童A：It's on the desk.
児童B：Right, or left?　　　児童A：Left.
児童B：First or second?　　児童A：Second.（役割を交代してたずねる）

④ 3つすべてのやりとりが終わったら，お互いに教室の絵を見せあい，答えあわせをする。

★ バリエーション

- 背景を教室でなく別の場所にしたり，置く物を文房具以外の物に変えたりすると，いろいろな語彙を使って場所を表現できる。
- NASAの宇宙飛行士の訓練ではこのような手法が使われているようである。宇宙飛行士は，相手の様子が見えない暗闇の中で，冷静に相手の状況を想像することが求められる。児童は友達の考えを想像しながら，楽しくやりとりができるとよい。

ねらい

【知・技】文房具を表す語彙，物が教室のどこにあるか表す表現を身につける。
【思判表】相手に何がどこにあるのか英語で聞いたり，伝えたりする。
【学・人】相手によく聞こえるように大きな声で，はっきりと話す。

ワークシート ⑧ 文房具と場所

Date :　　/　　Day :　　Grade :　　Class :　　Name :

▶ 上にある物を3つ選び，下の教室のどこか3カ所に，置く物の名前を書きましょう。日本語でも英語でもかまいません。

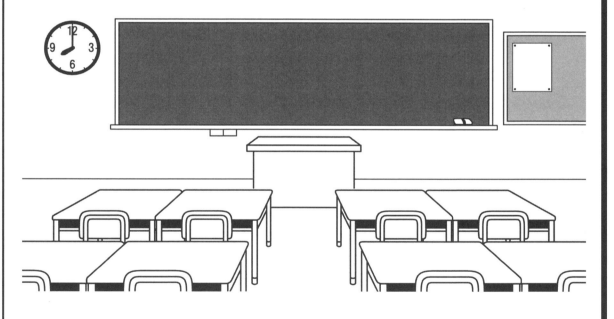

▶ 今日の振り返り：自分が物を置いた位置が相手に伝わりましたか。相手が置いた位置がわかりましたか。

9 部屋にある物と場所

5年 聞くこと・話すこと

⬇ 物がどこにあるかたずねあおう

語　彙	cap, clock, shirt, pencil case, bag, bed, wall, door, desk, floor, chair, on, in, under, by
表　現	Where is the ~? It's on/in/under/by the ~.
活動形態	ペア（聞く・話す）
準備物	ワークシート人数分，ワークシートの筆入れと鉛筆の位置を表す絵を拡大しておく。もしくは，筆入れと鉛筆（実物）を用意する。

活動の進め方（位置当てゲーム）: Let's play 位置当て game.

① 指導者はワークシートの部屋の中の物を表す語を発音し（１回目は順番，２回目はランダム），児童はワークシートの絵を指さしながらリピートする。: Please touch the picture, and say the word.

② 位置を表す絵カードを黒板に貼り，表現の確認をする。
例）Where is the pencil?（鉛筆が筆入れの上にある絵を指し）It's on the pencil case.（同様に絵カードを指し）It's in the pencil case. It's under the pencil case. It's by the pecil case. ※実物を使って示してもよい。

③ 児童Ａはワークシートにある５つの物を，部屋のどこかに置く（５つの物の名前を，ワークシートの部屋に書き込む）。: Please write five items in the room.

④ 児童は背中合わせになって座る。児童Ａは児童Ｂに５つの物がどこにあるのかたずね，その答えから想像して５つの物の名前を自分の部屋の絵の中に書く。: Make pairs, and ask.
児童Ａ：Where is the cap?　児童Ｂ：It's on the desk.　児童Ａは絵に帽子の位置を書く。

⑤ ５つたずね終わったら役割を交代する。: When you finish, switch the roles.

⑥ すべてのやりとりが終わったら，お互いに教室の絵を見せあい，答えあわせをする。

★ バリエーション

- 自分の部屋を思い浮かべ，何がどこにあるか英語でパートナーに伝える。

ねらい

【知・技】位置を示す表現を理解し，身につける。
【思判表】物がどこにあるのか，場所を表す表現を使って伝えあう。
【学・人】相手に聞こえるよう，大きな声ではっきりと話す。

ワークシート ❾ 部屋にある物と場所

Date :   /   Day :   Grade :   Class :   Name :

cap	clock	shirt	pencil case	bag

▶ 上にある物の名前を下の部屋のどこかに書きましょう。日本語でも英語でもかまいません。

▶ 部屋のどこに何があるか，聞きあいましょう。: Where is the ~? It's ~.

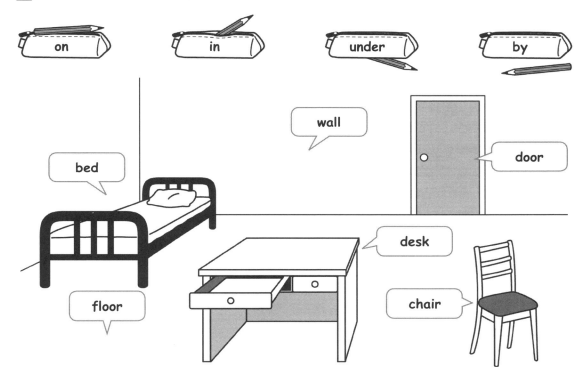

▶ 今日の振り返り：自分が物を置いた場所が相手に伝わりましたか。相手が置いた場所がわかりましたか。

10 スポーツ（1）

5年 話すこと・書くこと

好きなスポーツを伝えよう

- **語　彙**　soccer, baseball, basketball, volleyball, dodgeball, handball, softball, tennis, table tennis, badminton, gymnastics, athletics, running, swimming, diving, skiing, skating, judo, kendo, karate
- **表　現**　What's your favorite sport? My favorite sport is ~.
- **活動形態**　グループ（4～6人）（話す）→個人（書き写す）
- **準備物**　ワークシート人数分

活動の進め方（スポーツパスゲーム）：Let's play a sport pass game.

① 指導者はワークシートのスポーツの英語を発音し（1回目は順番, 2回目はランダム），児童はワークシートの絵を指さしながらリピートする。：Touch the picture, and say the word.

② 4人グループをつくる。：Please make groups of four.
　児童A：（答えてほしい相手に両手を出してたずねる）What's your favorite sport?
　児童B：My favorite sport is soccer.（答えてほしい相手にボールを蹴ってパスする動作をし）What's your favorite sport?
　児童C：（ボールを受け取る動作をし）My favorite sport is running.（答えてほしい相手にバトンを渡す動作をし）What's your favorite sport?（同様に続ける）

③ 答えてほしい相手をいろいろな人に変えて，1分間でできるだけ多くの人にスポーツパスをする。好きなスポーツを変えてもかまわない。：Please do it quickly in one minute.

④ グループのメンバーを変えて同じように行う。：Please change members.

⑤ 自分の好きなスポーツをワークシートの四線に書き写す。

★ バリエーション

- 前の人が言ったスポーツを順に言ってから，自分の好きなスポーツを言う，いわゆる記憶力ゲームとして行うこともできる。

ねらい

【知・技】好きなスポーツをたずねたり，答えたりする表現を身につける。

【思判表】ジェスチャーを工夫して，好きなスポーツを英語で伝える。

【学・人】パスを送る相手の顔を見て大きな声で言ったり，わかりやすいジェスチャーをしたりして，相手に配慮しながらパスを送る。

ワークシート ⑩ スポーツ（１）

Date :　　/　　Day :　　Grade :　　Class :　　Name :

〈スポーツ〉

▶好きなスポーツを書き写そう。

▶今日の振り返り：自分の好きなスポーツをジェスチャーとともに英語で伝えることができましたか。

11 スポーツ (2)

5年 聞くこと・話すこと

⬇ 得意なスポーツを伝えよう

語　彙　playing soccer, playing baseball, playing basketball, playing dodgeball, playing volleyball, playing tennis, playing softball, playing badminton, playing table tennis, running, swimming, skating, skiing, doing *judo*, doing *kendo*

表　現　Do you like ~? I'm good at ~. I'm not good at ~.

活動形態　ペア（聞く・話す）→グループ（比べる）

準 備 物　ワークシート人数分

活動の進め方（好き・嫌い・得意・不得意調査）：Let's do research.

① 指導者はワークシートのスポーツの英語を発音し（1回目は語のみ，2回目は I'm good at ~., 3回目は I'm not good at ~.），児童はワークシートの絵を指さしながらリピートする。：Please touch the picture, and say the phrase (sentence).

② 児童とデモンストレーションをする。：Please watch us.

　指導者：Do you like soccer?
　児童A：Yes, I do. I'm good at playing soccer. I like soccer.
　指導者：Me too. I like soccer.（表の「好き」「得意」の欄に相手の名前とスポーツ名を日本語で書く）
　児童A：Do you like tennis?
　指導者：Yes, I do. I'm not good at playing tennis, but I like tennis.
　児童A：I see.（表の「好き」「不得意」の欄に相手の名前とスポーツ名を日本語で書く）

③ 5分間でできるだけ多くの人にインタビューする。：You have five minutes. Please start.

④ 調査結果をグループで比べて，何か傾向がないか話しあう。：Make a group of 4. Show your research.

　例）サッカーは「好き」だけど，「不得意」という人が多い，など。

✦ バリエーション

- 語彙を「教科」に変えても同じアクティビティができる。

ねらい

【知・技】得意・不得意を表す表現を身につける。

【思判表】あるスポーツが好きか嫌いか，得意か不得意かを英語で表現し，集めた情報から傾向を読み取る。

【学・人】自分からできるだけ多くのクラスメートに積極的に話しかける。

ワークシート ⑪ スポーツ（2）

Date :　　/　　Day :　　Grade :　　Class :　　Name :

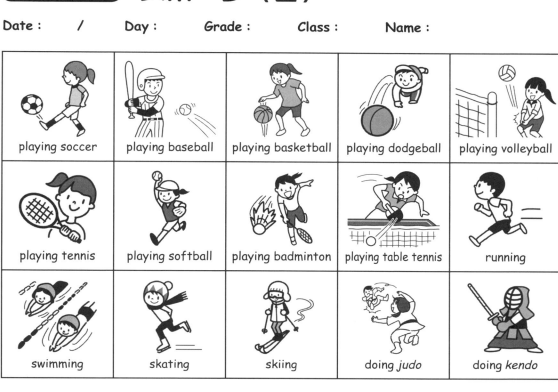

▶ スポーツの「好き」「きらい」，「得意」「不得意」を英語で聞いてみよう。

	「得意」I'm good at ~.		「不得意」I'm not good at ~.	
	名前	スポーツ	名前	スポーツ
「好き」 I like ~.				
「きらい」 I don't like ~.				

▶ 今日の振り返り：自分の得意・不得意なスポーツを英語で伝えることができましたか。

12 教科（1）

5年 聞くこと・話すこと

⬇ 好きな教科とその理由を言おう

語　彙	Japanese, math, science, social studies, arts and crafts, home economics, calligraphy, music, English, P.E., moral education, home activities
表　現	Do you like ~? Yes, I do.　No, I don't.　Why?　I'm good at ~.
活動形態	グループ（聞く・話す）
準備物	ワークシート人数分

活動の進め方（教科好き・嫌いインタビュー）：Let's interview.

① 指導者はワークシートの教科の英語を発音し（1回目は語のみ，2回目は I'm good at ~.），児童はワークシートの絵を指さしながらリピートする。：Touch the picture, and say the word（sentence）.

② ゲームのやり方を，児童とデモンストレーションする。：Please watch us.

　指導者：Hello.　Do you like math?
　児童A：Yes, I do.　I like math.
　指導者：Why?
　児童A：I'm good at numbers.
　指導者：It's nice.（ワークシートに記入する）

③ 4分間（場合によって調節する）で，できるだけ多くの人にインタビューするよう指示する。：You have four minutes.　Ask many people.

④ 自分と同じ教科が好きだった人は，理由も同じだったか，インタビューの結果を振り返る。

★ バリエーション

- 一人の児童に全部の教科について好きか嫌いかと，その理由を聞く。
- 時間があれば，インタビューの結果の振り返りをペア，クラスでシェアする。

ねらい

【知・技】教科を表す語彙や〇〇が得意という表現を身につける。
【思判表】自分の好きな教科や嫌いな教科とその理由を，既習表現を活用して英語で表現する。
【学・人】自分から多くのクラスメートに積極的に話しかける。

ワークシート ⑫ 教科（１）

Date :　　/　　Day :　　　Grade :　　　Class :　　　Name :

▶教科の好き・きらいを聞こう。

Name	Do you like ~?	○：Yes, I do. ×：No, I don't.	Why? → I'm good at ~. I like ~. 理由（日本語・英語どちらでもOK）
	Japanese 国		
	math 算		
	science 理		
	social studies 社		
	arts and crafts 図		
	home economics 家		
	calligraphy 書		
	music 音		
	English 英		
	P.E. 体		
	moral education 道		
	home activities 学		

▶今日の振り返り：教科を表す英語を言うことができましたか。教科が好きな理由やきらいな理由を英語で言えましたか。

13　教科（2）

5年 聞くこと・話すこと

オリジナルの時間割をつくろう

- **語　彙** Japanese, math, science, social studies, English, music, P.E., arts and crafts, home economics, calligraphy, moral education, integrated study, homeroom, club
- **表　現** What do you have on Monday?　I have ~, ~, ~, ~, ~ and ~.
- **活動形態** ペア（聞く・話す）
- **準備物** 事前にワークシートを配付し，各自時間割表に教科の名前を書き（英語でも日本語でも可），オリジナル時間割表をつくっておく。教科の時数は，実際の時間割と同じにする。

活動の進め方（いくつ同じかな？）：Let's find the same subjects.

① 指導者はワークシートの教科を表す英語を発音し（1回目は順番，2回目はランダム），児童はワークシートの絵を指さしながらリピートする。：Touch the picture, and say the word.

② 児童はペアになり，何曜日に，どんな授業があるかたずねあう。：Please make pairs.
　児童A：What do you have on Monday?
　児童B：I have ~, ~, ~, ~on Monday.　What do you have on Monday?
　児童A：I have ~, ~, ~, ~on Monday.　I have math and P.E.　You have math and P.E.
　（同じ教科の数を確認し，ワークシートの一番下の？欄に数字を記入する）
　児童B：What do you have on Tuesday?
　（曜日ごとに交代で同じように聞く）

③ 指導者が全員に，各曜日，同じ教科がいくつだったか結果を聞く。
　例）On Monday, how many same subjects?　Zero, raise your hand.　One, raise your hand.　What is it?　Two, raise your hand, What are they?

★ バリエーション

- 児童の実態によっては，一日の時間数や曜日を減らして実施することもできる。

ねらい

【知・技】教科や曜日を表す語彙と，何曜日に何の教科があるという表現を身につける。
【思判表】何曜日に何の教科があるか，英語でたずねたり答えたりする。
【学・人】相手の話をよく聞き，わからないときには聞き返したり，相手のペースにあわせてスピードを調整したりしながら話す。

ワークシート⓭ 教科（2）

Date :   /   Day :   Grade :   Class :   Name :

Japanese	math	science	social studies	English	music	P.E.
arts and crafts	home economics	calligraphy	moral education	integrated study	homeroom	club

▶ 各曜日の一番下の「？」に相手と同じ教科の数を書きましょう。

	Monday	Tuesday	Wednesday	Thursday	Friday
1					
2					
3					
4					
5					
6					
?					

▶ 今日の振り返り：教科や曜日を相手に英語で伝えることができましたか。

14 教科（3）

5年 聞くこと・話すこと・書くこと

⬇ 教科の名前を書き写そう

- **語 彙** Japanese, math, science, social studies, English, music, P.E, arts and crafts, home economics, calligraphy, moral education, integrated study, homeroom, club, Monday, Tuesday, Wednesday, Thursday, Friday
- **表 現** What subjects do you have on ~? We/I have ~,~, ~ and ~ on ~.
- **活動形態** 全体（聞く・話す）→ 個人（書き写す）
- **準 備 物** ワークシート人数分，そのクラスの時間割表

活動の進め方（科目を書き写そう）：Let's write the names of the subjects.

① 指導者はワークシートの教科を表す英語を発音し（1回目は順番，2回目はランダム），児童はワークシートの絵を指さしながらリピートする。：Touch the picture, and say the word.

② 指導者はクラスの時間割表を使って，曜日と教科を表す英語を確認する。
　指導者：（月曜日の時間割を指さし）What's the day?
　児　童：It's Monday.
　指導者：（月曜日の時間割を指さし）What do you have on Monday?
　児　童：We have ~, ~, ~, ~ and ~.（同じように金曜日まで行う）

③ 児童は曜日を選んでワークシートにその日学習する科目名を書き写す。四線の位置に注意し，音と文字の対応を意識して書き写すよう促す。：Please choose one day. Write the names of the subjects.

★ バリエーション

- 時間が余れば，何曜日を選んだか聞く。：What day did you choose? Monday, raise your hand. Tuesday, raise your hand.（以下同じように聞く）

ねらい

【知・技】科目を表す英語を書き写す。
【思判表】音声でなじんだ科目の名前を，四線の位置や音と文字の対応を意識しながら書き写す。
【学・人】指導者の質問に積極的に答える。

ワークシート ⑭ 教科（3）

Date :　　/　　Day :　　Grade :　　Class :　　Name :

Japanese	math	science	social studies	English	music	P.E.
arts and crafts	home economics	calligraphy	moral education	integrated study	homeroom	club

▶ 選んだ曜日に○をつけ，その日に学習する教科の名前を書き写そう。

月曜	火曜	水曜	木曜	金曜
Monday	Tuesday	Wednesday	Thursday	Friday

▶ 今日の振り返り：教科の名前の英語を書き写すことができましたか。

15 学校・教室（1）

5年 聞くこと・話すこと

⇩ どの部屋か当てよう

語　彙	classroom, library, science room, music room, arts and crafts room, computer room, cooking room, broadcasting room, school principal's office, teachers' office, school nurse's office, entrance, restroom, gym, playground
表　現	What's this room? You can see ~.
活動形態	全員（聞く）→ペア（聞く・話す）
準備物	ワークシート人数分

活動の進め方（何の部屋ゲーム）：What's this room?

① 指導者はワークシートの部屋や部屋の中の物の発音をし（1回目は順番，2回目はランダム），児童はワークシートの絵を指さしながらリピートする。：Touch the picture, and say the word.

② 指導者はその部屋にある物をいくつか英語で言う。：Please listen to me.

　指導者：What's this room? You can see many chairs and desks. You can see a blackboard. You can see many school bags. What's this room?

　児　童：Classroom.

　指導者：That's right. Next. What's this room? You can see a desk and a chair. You can see a telephone, many photos of faces, and a sofa. What's this room?

　児　童：Principal's office.

　指導者：That's right.（間違っているときは，Sorry. Try again.）

③ 児童はペアになり，お互いクイズを出しあう。：Make pairs. Ask "What's this room?"
相手がヒントを出せない場合，Can you see books? などと質問をするよう促す。

★ バリエーション

- 英語がわからないときは，ジェスチャーを使ってよいことにする。

ねらい

【知・技】学校にある部屋を表す語彙を身につける。

【思判表】部屋にある物を考え，それらを英語で表現する。英語が言えない場合はジェスチャーを使うなど工夫をして相手に伝える。

【学・人】相手が英語で言えず困っているようであれば自分から質問して相手を助けようとする。

ワークシート 15 学校・教室(1)

Date :   /   Day :   Grade :   Class :   Name :

〈学校にある部屋や場所〉

classroom	library	 science room
 music room	 arts and crafts room	 computer room
 cooking room	broadcasting room	 school principal's office
 teacher's office	 school nurse's office	 entrance
restroom	 gym	 playground

▶今日の振り返り:当ててほしかった部屋が相手に伝わりましたか。

16 学校・教室（2）

5年 聞くこと・話すこと・書くこと

⬇ お気に入りの場所を伝えよう

語　彙	library, school nurse's office, teachers' office, school principal's office, lunch room, cooking room, computer room, music room, school office, arts and crafts room, science room, playground, classroom, entrance, gym
表　現	Where is your favorite place? My favorite place is ~.
活動形態	ペア（話す・聞く）→個人（書き写す）
準備物	ワークシート人数分，おはじき一人3つ（クラスの半分の人数分）

活動の進め方（おはじき BONGO）：Let's play BONGO game.

① 指導者はワークシートの学校の場所を表す単語を発音し（1回目は順番，2回目はランダム），児童はワークシートの絵を指さしながらリピートする。：Touch the picture, and say the word.

② 児童は校内の好きな3つの場所に○をつける。：Circle three places you like.

③ 児童をA，B2つのグループに分ける。Aグループは自席についたまま，Bグループの児童は，おはじきを3つ持ってAグループの児童の席を回る。：Group B, stand up and ask.

　児童B：Hello. Where is your favorite place?（○をつけたワークシートは相手に見せない）

　児童A：Hello. My favorite place is the gym. What is your favorite place?

　児童B：Oh. My favorite place is the gym, too.（同じなら，おはじきをAに渡す）
　　　　　Sorry. My favorite place is the music room. Bye.（違うときは，渡さない）

④ 3つすべてのおはじきがなくなったら "BONGO!" と言う。：No *ohajiki*, please say BONGO.

⑤ 数名 BONGO が出たら，AとBの役割を交代してたずねあう。：Please switch the roles.

⑥ 自分の好きな場所を書き写す。：Please write your favorite place in English.

★ バリエーション

- BONGO は，語彙や表現を変えれば，他の単元でも活用できる。
- おはじきの数を変えれば，活動時間や発話回数をコントロールできる。
- ワークシートの代わりに，各校の校内マップを使ってもよい。

ねらい

【知・技】学校内の場所を表す語彙や，お気に入りの場所を聞く表現を身につける。
【思判表】相手の好きそうな場所を予想し，英語で聞く。
【学・人】自分から積極的に声をかける。

ワークシート ⑯ 学校・教室（2）

Date :   /   Day :   Grade :   Class :   Name :

▶ お気に入りの場所を聞きあおう。Where is your favorite place? My favorite place is ~.

library	school nurse's office	teachers' office	school principal's office
lunch room	cooking room	computer room	music room
school office	arts and crafts room	science room	playground
classroom	entrance	gym	other（自由に描く）

▶ 自分の好きな場所を、ていねいに書き写しましょう。

▶ 今日の振り返り：自分の好きな場所を英語で言えましたか。

17 施設・建物（1）

5年 聞くこと

⇩ 地図を完成させよう

語 彙	supermarket, police station, post office, fire sation, gas station, library, department store, book store, hospital, convenience store, school, park, station
表 現	Where is the ~? Go straight (for three blocks). Turn right / left (at the third corner). You can see it on your right / left.
活動形態	個人（聞く）
準備物	ワークシート人数分，あらかじめ建物の配置を考えておく。

活動の進め方（地図を完成させよう）：Let's finish the map.

① 指導者はワークシートの施設や建物を表す単語を発音し（1回目は順番，2回目はランダム），児童はワークシートの絵を指さしながらリピートする。：Touch the picture, and say the word.

② 児童は建物の場所を聞き，地図を完成させる。指導者は，駅をスタートとして道案内する。

指導者：Where do you want to go?
児童A：Supermarket.
指導者：Ok. Let's go to the supermarket.
児童全：Where is the supermarket?
指導者：You are at the station. Go straight for two blocks. Turn right. Go straight. The supermarket is on your left.

③ 児童は，たどり着いた場所に施設の名前を書き，隣の児童と場所を確かめあう。

④ 地図の空欄がすべて埋まるまで②〜③を繰り返し行う。

★ バリエーション

- 案内役を児童が行う。
- スタートを駅に固定せず，到着した場所をスタートにする。

ねらい

【知・技】施設・建物を表す語彙や道案内をする表現に慣れ親しむ。

【思判表】指導者の英語を聞き，意味を推測しながら地図を完成させる。

【学・人】途中でわからなくなっても，あきらめずに最後まで案内を聞き，目的地に行き着くようにする。

ワークシート ⑰ 施設・建物（1）

Date :   /   Day :   Grade :   Class :   Name :

▶先生の英語を聞いて、地図を完成させよう。

Where is the ~?

| supermarket | police station | post office | fire station | gas station | library | department store |

book store　　　　　　　　　　　　　　　　　hospital

convenience store　　school

park

station　　Start here.

▶今日の振り返り：道案内を聞いて、建物の位置がわかりましたか。

18 施設・建物（2）

5年　聞くこと・話すこと

⬇ 道案内をしよう

語　　彙	police station, post office, school, station, supermarket, convenience store, fire station, gas station, hospital, library, park, department store
表　　現	Where is the ~? Go straight (for three blocks). Stop. Turn right / left (at the third corner). You can see it on your right / left.
活動形態	ペア（聞く・話す）
準 備 物	教師は施設や建物の絵カードと☆・♡・◇の絵カードを用意しておく。児童は建物カードを切り，各カードの表面に☆・♡・◇のどれかを書いておく。

活動の進め方（ラッキーシェイプ道案内）：Let's play lucky shape 道案内．

① 指導者はワークシートの場所や施設を表す単語を発音し（1回目は順番，2回目はランダム），児童はワークシートの絵を指さしながらリピートする。：Touch the picture, and say the word.

② 児童1人を前に呼んでデモンストレーションをする。：Please watch us.

　指導者：Close your eyes.（児童が目を閉じている間に建物カードを縦3枚×横4枚になるよう裏向きに貼る）Open your eyes. Where do you want to go?
　児　童：I want to go to the park. Where is the park?
　指導者：（マグネットを置いて）Please start here. Go straight for two blocks.
　児　童：OK.（指示通りマグネットを動かす）
　指導者：Turn left. Go straight for one block. Go straight. Stop. It's on your right.
　児　童：OK.（ゴールのカードをめくり，カードに書いてある形を確認する）

③ ペアで道案内をする。マグネットの代わりに消しゴムを使う。：Make pairs, and start.

④ ペアでの道案内が終わったら，指導者は決めておいた lucky shape を言い，それを持っていた児童が勝ち。：The lucky shape is "heart."

✦ バリエーション

- 建物カードのうち3枚だけに☆・♡・◇を一つずつ書くと，lucky shape ゲット率が下がる。

ねらい

【知・技】場所をたずねたり，答えたりする表現を身につける。
【思判表】英語で道案内をする。
【学・人】相手の動きを見ながら，わかりやすく指示する。

ワークシート ⑱ 施設・建物（2）

Date :　　／　　Day :　　　Grade :　　　Class :　　　Name :

相手が行きたい建物がどのカードかわからないときは，Close your eyes. と言って，相手が目を閉じている間に，場所を確かめましょう。

↓ここが目的地の場合

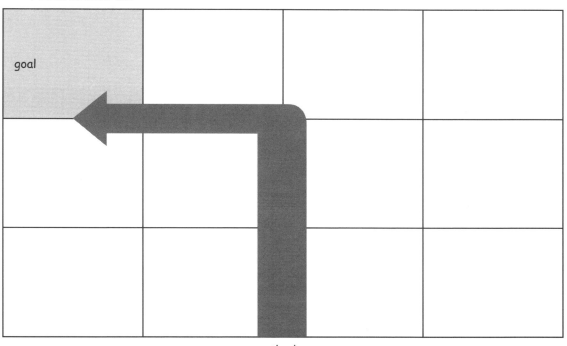

start

▶今日の振り返り：道案内が英語でできましたか。

▶授業までに切り取って，各カードに☆か♡か◇のいずれか一つを表に書いておきましょう。

police station	post office	school	station	supermarket	convenience store
fire station	gas station	hospital	library	park	department store

19 食べ物（1）

5年 聞くこと・話すこと

好きな食べ物を注文しよう

- **語　彙**　curry and rice, omelet, beefsteak, grilled fish, fried chicken, fried noodles, ramen noodles, a hamburger, a sandwich, a hot dog, spaghetti, sausages, a rice ball, miso soup, salad, French fries, popcorn, shaved ice, pudding, yogurt
- **表　現**　What would you like? I'd like ~. I like ~.
- **活動形態**　個人（聞く）→　ペア（聞く・話す）
- **準備物**　ワークシート人数分

活動の進め方（料理を注文しよう）：Let's order some food.

① 指導者は児童に What food do you like? と聞き，何人かの児童に答えさせる。

② 指導者はワークシートの食べ物が「好きです」という文 I like ~. を発音し（1回目は順番，2回目はランダム），児童はワークシートの絵を指さしながらリピートする。：Touch the picture, and say the sentence.

③ 指導者は児童に What would you like? と聞き，何人かの児童に答えさせ，②を，食べ物を「ください」という文 I'd like ~. に変えて同じように行う。

④ 児童に，注文したい食べ物とその理由をワークシートに記入させる。

⑤ 児童はペアを組み，店員役とお客役になり，ほしい料理を注文しあう。：Make pairs.
　児童A：What would you like?
　児童B：I'd like beefsteak. I like beef. I'd like salad. It's healthy.

⑥ 相手を変えて，同じように聞きあう。：Find a new partner.

★ バリエーション

- 児童がやりとりを行っているとき，I like ~. と I'd like ~. を使い分けているか注視し，わかっていないようであれば明示的に指導する。
- **食べ物（2）** のワークシートを使うなど，メニューを変えて行う。

ねらい

- 【知・技】食べ物の名前やていねいに注文する表現を身につける。
- 【思判表】I like ~. と I'd like ~. との違いを考える。また，料理を選んだ理由を，既習事項を活用して表現する。
- 【学・人】英語で表現できない場合は，ジェスチャーなどを工夫して伝えようとする。

ワークシート⑲ 食べ物（1）

Date： ／　　Day：　　Grade：　　Class：　　Name：

▶料理を注文しよう。：What would you like? I'd like ~.

▶上の食べ物から2つ以上選んで注文しよう。なぜその食べ物がほしいのか理由も書こう。

注文したい食べ物	注文したい理由

▶今日の振り返り：「○○をください」と「○○が好きです」という英語のちがいがわかりましたか。料理を注文した理由を英語で言えましたか。

20 食べ物（2）

5年 聞くこと・話すこと

⬇ だれのためのメニューでしょう？

語　彙	lettuce, corn, cucumber, tomato, broccoli, onion, grilled fish, fried chicken, beefsteak, hamburger steak, pizza, rice, bread, cake, ice cream, parfait, milk, green tea, soda pop, orange juice
表　現	What would you like? I'd like ~. It's for ~.
活動形態	個人（考える） →　ペア（聞く・話す）
準備物	ワークシート人数分

活動の進め方（料理を注文しよう）：Let's order some food.

① 指導者はワークシートの食べ物の英語を発音し（1回目は順番，2回目はランダム），児童はワークシートの絵を指さしながらリピートする。：Touch the picture, and say the word.

② ワークシートにある食べ物を選び，だれかのためのメニューを考え，ワークシートに記入する。余裕がある児童は2人分のメニューを考える。：Please choose some food. Write the menu in your worksheet.

③ 児童はペアで店員役とお客役になり，店員役の児童が，だれのためのメニューか当てる。

児童A：What would you like?
児童B：I'd like lettuce, onion, tomato and green tea.
児童A：Is it for your mother?
児童B：No. Sorry. Try again.
児童A：Is it for your father?
児童B：That's right. It's for my father.

④ 役割を交代して，同じように行う。：Switch the roles. Please start.

⑤ パートナーを変えて同じように行う。：Please change partners.

★ バリエーション

・**食べ物（1）**のワークシートを使うなど，食べ物を変えて行う。

ねらい

【知・技】食べ物の名前やていねいに注文する表現を身につける。
【思判表】相手の注文した食べ物を聞き取り，だれのためのメニューか考える。
【学・人】自分以外の人が喜ぶメニューを考える。

ワークシート⑳ 食べ物（2）

Date :　　/　　　Day :　　　Grade :　　　Class :　　　Name :

▶料理を注文してみよう。: What would you like? I'd like ~.

▶上の食べ物から選んで，だれかのためのメニューを考えてみよう。

名前	メニュー

▶今日の振り返り：ていねいな英語を使って，食べ物を注文できましたか。

21 国（1）

5年 聞くこと

🔽 この国はどこにあるでしょう？

- **語　彙** the USA, Brazil, China, India, Italy, Russia, Egypt, Australia, Europe, Africa, Asia, Oceania, North America, South America, up, down, right, left
- **表　現** Where is ~? It's in ~.
- **活動形態** 全体（聞く）
- **準備物** ワークシートを人数分，国旗の絵カード，世界地図

活動の進め方（この国はどこにあるでしょう？）：Where is the country?

① 指導者はワークシートの国の英語を発音し（1回目は順番，2回目はランダム），児童はワークシートの国旗を指さしながらリピートする。：Touch the flag, and say the word.

② 指導者は黒板に世界地図を貼り，地域の名前を確認する。
例）（世界地図のアジアのあたりを指しながら）Is it North America? Is it Europe? Is it Africa? Is it Asia? と聞き，児童は Yes. か No. で答える。アジアの確認が終わったら，各地域について同じように聞く。

③ 指導者は各国がどこにあるか児童に聞き，世界地図の上に国旗を貼る。
例）（中国の国旗カードを見せて）Where is China? Is it in Africa? Is it in Europe?（児童は Yes. No. で答える）Yes, China is in Asia.（国旗カードを世界地図のロシアのあたりに置いて）Where is China?（国旗を上下左右に動かしながら）Up? Down? Right? Left?（児童の指示にしたがって国旗を動かし，正しい位置に来たら）Is China here? Yes, China is here.（国旗を地図上に貼る）（同じようにすべての国に対して行う）

★ バリエーション

- 学級の実態に応じて，扱う国の数を多くしたり少なくしたりして，時間調整をする。
- 地図上の位置を確認した後，児童同士で各国がどの地域にあるか聞きあう。

ねらい

【知・技】国の位置と，その国がある地域の名前を知る。
【思判表】指導者の英語での質問の意味を理解して，その国がどこに位置するのか考える。
【学・人】日本や世界の国々の位置を地図上で確認し，世界に対する興味・関心を高める。

ワークシート ㉑ 国（1）

Date :　　 /　　　Day :　　　Grade :　　　Class :　　　Name :

▸ これらの国はどこにあるでしょう？： Where is ~?　It's in ~.

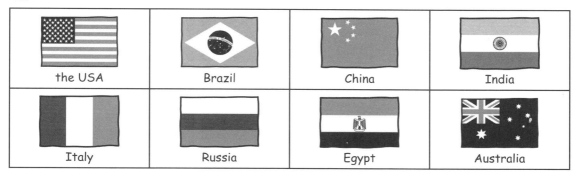

▸ 国の位置を先生に伝えよう。

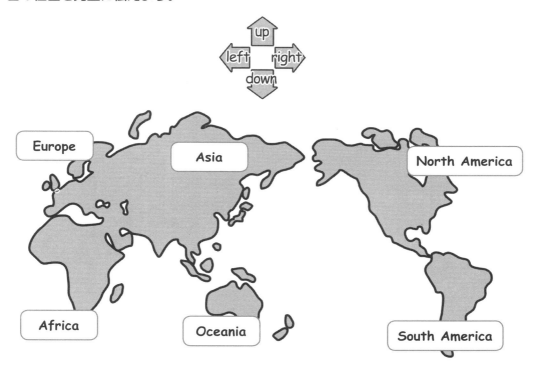

▸ 今日の振り返り：国の位置や地域の名前がわかりましたか。

22 国（2）

5年 聞くこと

↓ どの国のことでしょう？

語　　彙	Australia, Peru, Thailand, the UK, Russia, Italy, Germany, China, Spain, India, Brazil, Korea, Ayers Rock, paella, Matryoshka, sausages, elephants, kimuchi, Big Ben, Taj Mahal, Nazca notation, the Great Wall, Iguazu Falls, pizza
表　　現	What country is this?　It's ~.　You can see ~.　You can eat ~.
活動形態	全体（聞く）
準 備 物	ワークシート人数分，指導者は「この国はどこクイズ」をいくつか考えておく。

活動の進め方（この国はどこクイズ）：What country is this?

① 指導者はワークシートの国や名所，名物を表す単語を発音し（1回目は順番，2回目はランダム），児童はワークシートの絵を指さしながらリピートする。：Please touch the picture, and say the word.

② 指導者はワークシートの下の名所や名物を使って，この国はどこクイズを出し，児童はペアで答えを考え，全体で答え合わせをする。

　指導者：Please make pairs. Think with your partner. Quiz No 1. In this country, you
　　　　　can eat pizza.（児童はペアで答えを考える）What country is this?
　児　童：It's Italy.
　指導者：That's right.（間違った場合は，Sorry. Try again.）

③ それぞれの国についてわかったことや知っていることをペアで話しあわせる。

★ バリエーション

- 指導者は①の国の名前を発音する場面で，その国の特徴について補足する。
  例）You can see koalas in this country. You can see kangaroos, too. You can visit the Opera House. It is very big and beautiful.
- 指導者は名所や名物を言い，児童はその国の国旗にタッチする。リズムよく行うとよい。
- 慣れてきたら，ペアで問題を出しあう。

ねらい

【知・技】国を表す語彙やその国の名所，名物を表す語彙を身につける。
【思判表】ある国についての話を英語で聞き，どの国のことか推測する。
【学・人】世界の様々な国や人々に興味をもつ。

ワークシート 22 国（2）

Date : /   Day :   Grade :   Class :   Name :

🚩 どの国のことでしょう？ : What country is this? It's ~.

Australia	Peru	Thailand	the UK
Russia	Italy	Germany	China
Spain	India	Brazil	Korea

You can see ~. You can eat ~.

Ayers Rock	paella	Matryoshka	sausages
elephants	kimuchi	Big Ben	Taj Mahal
Nazca notation	the Great Wall	Iguazu Falls	pizza

🚩 今日の振り返り：先生が英語でどの国の話をしているのか，わかりましたか。

....
....

23 国（3）

5年 話すこと

行きたい国やそこでしたいこと言おう

語　彙　Australia, Brazil, France, India, Egypt, Canada, America, Pyramids, koalas, kangaroos, the carnival, camels, Taj Mahal, the Eiffel Tower, hamburgers, Tandoori chicken, the Stature of Liberty, the Rocky Mountains, curry and nan, Ayers Rock, coffee farms, maple syrup, the aurora, Niagara Falls, Iguazu Falls, croissants, the Amazon River

表　現　Where do you want to go? I want to go to / see/ visit/ eat / buy / ride on a ~.

活動形態　ペア（話す）

準備物　ワークシート人数分

活動の進め方（デスティニー・ゲーム）：Let's play a destiny game.

① 指導者はワークシートの国や名所，名物を表す単語を発音し（1回目は順番，2回目はランダム），児童はワークシートの絵を指さしながらリピートする。：Please touch the picture, and say the word.

② ペアになり，デスティニー・ゲームをする。：Make pairs. Let's play a destiny game.

　児童全：Where do you want to go?
　指導者：I want to go to America.
　児童A：I want to eat hamburgers.（児童AとBはそれぞれのワークシートのハンバーガーの欄に児童Aの名前を書く）
　児童B：I want to see the Statue of Liberty.（児童AとBはワークシートの自由の女神の欄に児童Bの名前を書く）
　A・B：（まだ言えることがあれば，順番にアメリカでしたいことを一文ずつ言い，言った内容の絵カードに言った児童の名前を書く）
　指導者：（言えることが出つくしたようであれば）：Let's go to the next country.
　児童全：Where do you want to go?
　指導者：I want to go to Brazil.（同じように続ける）

③ 最終的に，ワークシートにより多くの名前が書かれていた児童の勝ち。

ねらい

【知・技】国の名前や行きたい，見たい，食べたい，買いたいという表現を身につける。
【思判表】ある国で楽しめることを考え，それを英語で表現する。
【学・人】いろいろな国に興味をもつ。

ワークシート㉓ 国（3）

Date :　　/　　Day :　　Grade :　　Class :　　Name :

▶ どの国に行きたいかな？ : Where do you want to go? I want to go to ~.

Australia	Brazil	France	India	Egypt	Canada	America

▶ その国でしたいことを言ってみよう。: I want to see / visit / eat / buy / ride on ~.

Pyramids	koalas	kangaroos	the carnival	camels
Taj Mahal	the Eiffel Tower	hamburgers	Tandoori chicken	the Statue of Liberty
the Rocky Mountains	curry and nan	Ayers Rock	coffee farms	maple syrup
the aurora	Niagara Falls	Iguazu Falls	croissants	the Amazon River

▶ 今日の振り返り：行きたい国でしたいことが英語で言えましたか。

Chapter2 6年生向けのアクティビティ

24 誕生日（1）

6年 聞くこと・話すこと

誕生日をたずねあおう

語　彙	January, February, March, April, May, June, July, August, September, October, November, December, first, second, third, fourth, ~ tenth ~ thirty-first
表　現	When is your birthday?　My birthday is (August 19th).
活動形態	ペア（聞く・話す）
準備物	ワークシート人数分

活動の進め方（誕生日探しゲーム）：Let's play 誕生日探し game.

① 指導者はワークシートの月の名前と日にちを発音し（1回目は順番，2回目はランダム），児童はワークシートの絵や数字を指さしながらリピートする。：Touch the picture, and say the word.

② 児童は，友達の誕生日を聞いて，ワークシートの表にその日に生まれた人の名前を記入する。5分間で（時間は状況に応じて決める），できるだけ多くの人に聞くよう指示する。
　：You have 5 minutes. Please ask many friends.
　児童A：Hello. When is your birthday?
　児童B：My birthday is April second.
　児童A：Your birthday is April second.（ワークシートの2日の欄にAの名前を記入する）
　児童B：That's right. When is your birthday?
　児童A：My birthday is March third.
　児童B：Your birthday is March third. It's Dolls' Day. Nice.（3日にBの名前を記入する）

③ 指導者と同じ日にちに生まれた人を多く見つけた児童が勝ち。

★ バリエーション
- 一番多くの日にちの欄が埋まっている人を勝ちにする。
- 活動を行った日と同じ日にちに生まれた人を多く見つけた児童を勝ちにする。
- その日が誕生日の人を見つけた児童がいないか聞き，いたら誕生日の児童を祝う。

ねらい

【知・技】月の名前や日にちの英語を身につける。
【思判表】相手の誕生日を聞き取り，自分の誕生日を言う。
【学・人】多くのクラスメートに自分から積極的に声をかける。

ワークシート㉔ 誕生日（1）

Date :　　/　　Day :　　Grade :　　Class :　　Name :

〈月の名前〉

	January		February		March		April
	May		June		July		August
	September		October		November		December

▶その日に生まれた友達の名前を書きましょう。：When is your birthday?　My birthday is ~.

誕生日	名前	誕生日	名前	誕生日	名前
1st		11st		21st	
2nd		12nd		22nd	
3rd		13rd		23rd	
4th		14th		24th	
5th		15th		25th	
6th		16th		26th	
7th		17th		27th	
8th		18th		28th	
9th		19th		29th	
10th		20th		30th	
				31st	

▶今日の振り返り：友達の誕生日がいつか聞き取れましたか。自分の誕生日を言えましたか。

25 誕生日（2）

6年 聞くこと・話すこと

⬇ 誕生日にほしい物をたずねあおう

語　彙	January, February, March, April, May, June, July, August, September, October, November, December, first, second, third, fourth, ~ tenth ~ thirty-first
表　現	When is your birthday? My birthday is ~. What do you want for your birthday? I want ~.
活動形態	ペア（聞く・話す）
準備物	ワークシート人数分

活動の進め方（誕生日に何がほしい？）: What do you want for your birthday?

① 指導者はワークシートの月の名前を発音し（1回目は順番，2回目はランダム），児童はワークシートの絵を指さしながらリピートする。: Touch the picture, and say the word.

② 児童は，友達に誕生日と誕生日にほしい物を聞いて，ワークシートの表に記入する。5分間で（時間は状況に応じて決める），できるだけ多くの人に聞くよう指示する。: You have 5 minutes. Please ask many friends.

児童A：Hello. When is your birthday?
児童B：My birthday is April second.
児童A：Your birthday is April second. What do you want for your birthday?
児童B：I want a new pencil case. When is your birthday?（同じように続ける）

③ 活動終了後，言えなかった英語がなかったか確認する。あった場合，指導者が言い方を知っていれば教える。知らなければ，辞書やタブレットPCで調べるよう指導する。

★ バリエーション

- 活動終了後，クラスメートは何をほしがっているのか，インタビューした内容をクラス全体でシェアする。
- その日が誕生日の人を見つけた児童がいないか聞き，いたら誕生日の児童を祝う。

ねらい

【知・技】誕生日にほしい物を聞いて答える英語を身につける。
【思判表】誕生日にほしい物を英語で言う。言えない場合は，ジェスチャーを使うなどして工夫する。
【学・人】自分から多くの友達に話しかける。

ワークシート㉕　誕生日（2）

Date :　　/　　Day :　　　Grade :　　　Class :　　　Name :

〈月の名前〉

🎍	January	👹	February	🌸	March	🎒	April
🎏	May	🐌	June	🎋	July	🎆	August
🌾	September	🍄	October	千歳飴	November	🎄	December

▶誕生日を聞きましょう。: When is your birthday? My birthday is ~.

▶誕生日にほしい物を聞きましょう。: What do you want for your birthday? I want ~.

名前	誕生日	誕生日にほしい物

▶今日の振り返り：自分の誕生日と誕生日にほしい物が言えましたか。

26 年中行事

6年 聞くこと

⬇ どの季節の行事でしょう？

語　彙　spring, summer, fall, autumn, winter, New Year's Day, snow festival, Doll's Festival, cherry blossom viewing, Children's Day, Star Festival, fireworks festival, Bon dancing festival, full moon viewing, Health and Sports Day, colorful tree viewing, New Year's Eve

表　現　We have ~ in ~.

活動形態　個人（聞く）

準備物　ワークシート人数分，季節と年中行事の絵カード

活動の進め方（フェイント・リピート・ゲーム）：Let's play a feint repeat game.

① 指導者はワークシートの季節と年中行事を表す英語を発音し（1回目は順番，2回目はランダム），児童はワークシートの絵を指さしながらリピートする。Please touch the picture and say the word.

② 指導者は季節を表す絵カードを黒板に貼る。

③ We have ~ in と言い，行事が行われる季節を児童に答えさせる。
　指導者：We have the Star Festival in（で止めて季節の絵カード4枚を指さす）
　児　童：Summer.（同じように他の行事で続け，絵カードを黒板に貼っていく）

④ フェイント・リピート・ゲームを行う。：Let's play a feint repeat game.
　指導者：（ひな祭りの絵カードを指さし）We have the Doll's Day in spring.
　児　童：We have the Doll's Day in spring.（指導者の言うことが正しければ繰り返す）
　指導者：（子供の日の絵カードを指さし）We have the Children's Day in summer.
　児　童：We have the Children's Day in spring.（指導者の言うことが間違っている場合は，間違いを正して言う）

★ バリエーション

- できるようであれば，児童がペアやグループになり，フェイントリピートゲームをする。
- 季節でなく，その行事が何月にあるかのゲームを行うこともできる。
- フェイントリピートゲームは，どんな語や表現でも行うことができる。

ねらい

【知・技】季節と行事を表す英語を身につける。
【思判表】行事がいつあるかを考え，英語で言う。
【学・人】指導者の言う英語を最後までしっかり聞く。

ワークシート 26　年中行事

Date :　　/　　Day :　　Grade :　　Class :　　Name :

四季（seasons）

spring	summer	fall/autumn	winter

行事（events）：We have the ~ in Japan.

New Year's Day	snow festival	Doll's Festival	cherry blossom viewing

Children's Day	Star Festival	fireworks festival	Bon dancing festival

full moon viewing	Health and Sports Day	colorful tree viewing	New Year's Eve

今日の振り返り：行事を表す英語を聞いてどの行事のことかわかりましたか。

27 日本文化紹介

6年 聞くこと・話すこと

日本の遊びや文化を紹介しよう

- **語　彙**　fun, difficult, easy, funny, exciting, interesting, great, nice
- **表　現**　We have ~ in Japan. It's ~. I'm / I'm not good at ~. Please try it.
- **活動形態**　全体（聞く）→ペア（聞く・話す）
- **準備物**　ワークシート人数分

活動の進め方（日本文化を紹介しよう）：Let's introduce Japanese culture.

① ジェスチャーゲームをして，ワークシートの感想を表す言葉の意味を推測させる。
　指導者：Watch me.（楽しそうな表情やジェスチャーをし）It's fun. How do you say "fun" in Japanese?
　児　童：楽しい？
　指導者：That's right. Fun is 楽しい．
　児　童：（ワークシートの fun の欄のカッコに「楽しい」と日本語を書く）

② 指導者は，他の語についても同じように意味の確認をする。：difficult＝難しい，easy＝簡単な，funny＝滑稽な・わははと笑う面白さ，exciting＝わくわくする・興奮する，interesting＝興味深い・知的な面白さ，great＝すばらしい，nice＝すてき

③ 日本の遊びや文化を３つ以上選び，□に☑を入れる。：Check three or more.

④ 指導者は，英語で日本の遊びを紹介するデモンストレーションを行う。：Listen to me.
　例）We have 折り紙 in Japan. It's difficult, but it's fun. I'm good at 折り紙．Please try it.

⑤ 児童は隣の人に日本の遊びを紹介する。：Talk to your partner.

★ バリエーション

- 一人ずつ前に出てきて，日本の遊びや文化をクラスメート全員に紹介する。
- 言えない英語がある場合，指導者がわかれば教え，わからなければ辞書やタブレットPCで調べるよう促す。

ねらい

- **【知・技】** 感想を表す語彙や表現を身につける。
- **【思判表】** 既習表現を活用して，日本の遊びや文化を英語で紹介する。
- **【学・人】** 日本の遊びや文化を外国の人に紹介しようという意欲をもつ。

ワークシート ㉗ 日本文化紹介

Date :　　/　　　Day :　　　Grade :　　　Class :　　　Name :

▶ 日本の遊びや文化を紹介しよう。

日本には	…	We have _____ in Japan.
それは	…	It's _____ and _____.
自分は	…	I'm good at _____. / I'm not good at _____.
ぜひ試して	…	Please try it.

〈日本の遊びや文化〉

□折り紙	□お手玉	□たこあげ	□こま回し	□あやとり
□だるま落とし	□将棋(しょうぎ)	□相撲(すもう)	□落語	□歌舞伎(かぶき)

〈感想〉

fun (　　)	difficult (　　)	easy (　　)	funny (　　)
exciting (　　)	interesting (　　)	great (　　)	nice (　　)

▶ 今日の振り返り：日本の遊びや文化を英語で紹介することができましたか。

28 日本食紹介

6年 話すこと

⬇ おすすめの日本食を紹介しよう

語　彙	soba noodles, udon noodles, ramen noodles, miso soup, sour, sweet, bitter, salty, spicy, delicious, soft, hard, hot, cold
表　現	We have ~ in Japan. It's ~. Please try it.
活動形態	ペア（話す）
準備物	ワークシート人数分

活動の進め方（日本食を紹介しよう）：Let's introduce Japanese food.

① 指導者はワークシートの味を表す単語を発音し（1回目は順番，2回目はランダム），児童はワークシートの絵を指さしながらリピートする。：Please listen, and touch the picture. Then say the word.

② おすすめの日本食を3つ以上選び，□に☑を入れる。表にない日本食を書き足してもよい。：Check three or more Japanese foods.

③ 指導者は，英語で日本食を紹介するデモンストレーションを行う。：Listen to me.
例）We have udon noodles in Japan. It's white and soft. It's delicious. Please try it.

④ 児童は3人以上におすすめの日本食を紹介する。：Please talk to three or more people.

⑤ 友達のおすすめの日本食で食べたくなったものがあったか，隣の児童と話しあう。

★ バリエーション

- グループでおすすめの日本食を紹介しあう。
- 一人ずつ前に出てきて，おすすめの日本食をクラスメート全員に紹介する。
- 同じ日本食の紹介を複数の児童にさせ，それぞれがどんなことを言っているか比べると，紹介する表現を増やすことができる。

ねらい

【知・技】食べ物の味やおいしさを表す語彙や表現を身につける。
【思判表】既習表現を使って，おすすめの日本食を英語で紹介する。
【学・人】自分から積極的に話しかけ，相手におすすめの日本食を紹介する。

ワークシート 28 日本食紹介

Date :   /   Day :   Grade :   Class :   Name :

▶ おすすめの日本食を紹介しよう。

日本には	…	We have _____ in Japan.
味は	…	It's _____ and _____.
ぜひ試して	…	Please try it.

〈日本食〉

☐ tsukemono	☐ umeoboshi	☐ dango	☐ natto	☐ soba noodles
☐ udon noodles	☐ ramen noodles	☐ tempura	☐ miso soup	☐ sushi
☐ sashimi	☐ shabushabu	☐ sukiyaki	☐ okonomiyaki	☐

〈味〉

sour	sweet	bitter	salty	spicy
delicious	soft	hard	hot	cold

▶ 今日の振り返り：おすすめの日本食を英語で紹介することができましたか。

29 都道府県紹介

6年 話すこと・書くこと

⬇ 自分の住む都道府県を紹介しよう

語　彙	prefecture（都道府県）
表　現	○○ prefecture is famous for ~.
活動形態	グループ（話す）→ 個人（書き写す）
準備物	ワークシート人数分，児童が住んでいる都道府県で有名なものを絵カードにして，児童が座る席の列の数だけ準備しておく。

活動の進め方（スイッチ・ゲーム）：Let's play a switch game.

① 指導者は児童が住む都道府県で有名な場所や物を聞く。：What is famous in Mie prefecture?

② 指導者は児童が挙げた場所や物を使って，その都道府県を英語で紹介する。
例）Mie prefecture is famous for Ise Shrine. It's famous for Matsusaka beef, Ise lobsters, Suzuka Circuit, pearls and ninja.（絵カードを黒板に貼っていく）

③ 指導者は列ごとに，児童が言う文を決める：This line, Mie prefecture is famous for Ise Shrine. This line, Mie prefecture is famous for Matsusaka beef.

④ 児童は歩いてパートナーを見つけ，お互い自分の与えられた文を言いあう。ハイタッチをしながら "Switch." と言って，言う文を相手と入れ替え，言う文をどんどん変えていく。

児童A：Hello. Mie prefecture is famous for Ise Shrine.
児童B：Mie prefecture is famous for Matsusaka beef.
A・B：Switch!（ハイタッチしながら）
児童A：Mie prefecture is famous for Matsusaka beef.
児童B：Mie prefecture is famous for Ise Shrine. Bye.

⑤ プリントを配付し，児童は自分の都道府県の紹介文を考えて，英語を書き写す。

★ バリエーション

- 与える文を，児童が住む地方の都道府県の物や日本全国に広げて活動を行う。

ねらい

【知・技】○○が有名だという表現を身につける。
【思判表】自分の住む都道府県で有名な場所や物を考え，英語で表現する。
【学・人】自分が住む都道府県について英語で発信する意欲をもつ。

ワークシート㉙ 都道府県紹介

Date :　　/　　　Day :　　　Grade :　　　Class :　　　Name :

▶ 各都道府県で有名な場所や物を言ってみよう。：○○ prefecture is famous for ~.

北海道	potatoes	青森	apples	岩手	Wanko soba
秋田	Akita dogs	宮城	Tanabata Festival	山形	cherries
福島	ramen noodles	東京	Tokyo Sky Tree	神奈川	Kamakura Buddha（大仏）
千葉	peanuts	埼玉	rice crackers（せんべい）	群馬	green onions（ねぎ）
栃木	Nikko Toshogu Shrine	茨城	natto	新潟	rice
長野	soba noodles	山梨	grapes	石川	Kenrokuen Garden
富山	Kurobe Dam	福井	glasses（めがね）	静岡	Mt. Fuji
愛知	cars	岐阜	Ukai（鵜飼い）	三重	Ise Shrine
滋賀	Lake Biwa	京都	Kiyomizu Temple	大阪	takoyaki
奈良	Todaiji Temple	兵庫	Himeji Castle	和歌山	plums（梅）
岡山	peaches	広島	oysters（かき）	鳥取	pears（なし）
島根	Matsue Castle	山口	globefish（ふぐ）	香川	udon noodles
愛媛	oranges	徳島	Awa odori Festival	高知	Sakamoto Ryoma
福岡	Dazaifu Tenmangu	大分	Beppu Onsen	長崎	sponge cake（カステラ）
宮崎	mangoes	佐賀	Ariake sea	熊本	Kumamon
鹿児島	Saigo Takamori	沖縄	beautiful beaches		

▶ 自分の住んでいる都道府県の紹介文を書き写しましょう。

　　　　　　　　　　　　　　　　　　　　　　　　prefecture is

famous for　　　　　　　　　　　　　　　　　　　　　　　　.

▶ 今日の振り返り：自分の住む都道府県の紹介文を言ったり書き写したりできましたか。

30 施設・建物と町の紹介（1）

6年 聞くこと・話すこと

🔊 ほしい施設を伝えよう

語　彙	amusement park, aquarium, library, bookstore, department store, swimming pool, baseball stadium, train station, convenience store, play ground, skating rink, restaurant, zoo, cafe, castle
表　現	We don't have a ~.　I want a ~.　Because ~.
活動形態	個人（聞く）→　ペア（聞く・話す）
準備物	ワークシート（人数分）

活動の進め方（ほしい施設をたずねよう）：What do you want in your town?

① 指導者はワークシートの施設や建物の発音をし（1回目は順番，2回目はランダム），児童はワークシートの絵を指さしながらリピートする。：Touch the picture, and say the word.

② 指導者が自分のほしい施設とその理由を英語で話す。：Please listen to me.
　例）I like my town very much. But we don't have a library. So, I want a library. Because I like reading. How about you?

③ 指導者は②をもう一度繰り返し，児童はワークシートに内容を日本語で書く。：Write.

④ 児童は自分のほしい施設とその理由をワークシートに書く。：Write in the worksheet.

⑤ 児童はペアになる。：Please make pairs.

⑥ じゃんけんをして勝った児童から自分のほしい施設とその理由を英語で言う。：Please do janken. Winner, start first.

⑦ もう一人は聞き取ったことをワークシートに書く。：Write in your worksheet.

⑧ 前後でペアになり，同じ活動を行う。：Please change partners.

★ バリエーション

- 時間があれば，斜めの児童でペアになって同じ活動を行う。

ねらい

【知・技】施設を表す語彙を身につける。

【思判表】自分のほしい施設とその理由を考え，英語で表現する。

【学・人】英語が言えない場合は，ジェスチャーを使って，相手に言いたいことを伝えようとする。

ワークシート ㉚ 施設・建物と町の紹介（1）

Date :　　/　　Day :　　Grade :　　Class :　　Name :

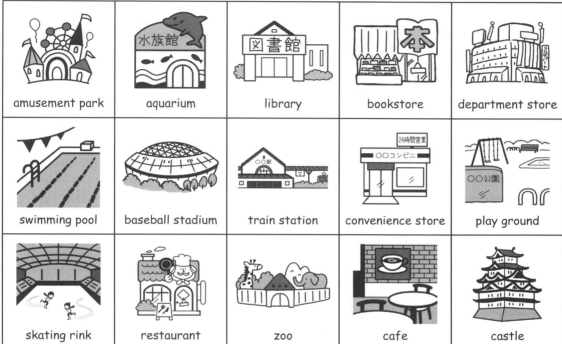

📖 英語を聞き取って，内容を書こう。日本語でも英語でも OK です。

名前	We don't have a ~. 町にない施設	I want a ~. ほしい施設	Because ~. その施設がほしい理由
先生			
自分			

📖 今日の振り返り：自分のほしい施設とその理由が英語で言えましたか。

....
....

31 施設・建物と町の紹介（2）

6年 聞くこと・書くこと

⬇ 建物の名前を書き写そう

語　彙	amusement park, aquarium, library, bookstore, department store, swimming pool, baseball stadium, train station, convenience store, play ground, skating rink, restaurant, zoo, cafe, castle
表　現	We have ~. We don't have ~.
活動形態	全体（聞く・書き写す）
準備物	教師→施設・建物の絵カード（文字入り），児童→ワークシート人数分

活動の進め方（ない施設や建物はどれ？）：What building is missing?

① 指導者はワークシートの施設や建物の発音をし（1回目は順番，2回目はランダム），児童はワークシートの絵を指さしながらリピートする。：Please listen, and touch the picture. Then say the word.

② 指導者は施設や建物の絵カード4枚（そのうち3枚は町にある施設，1枚はない施設）を児童と発音しながら黒板に貼る。：I'll talk about our town.

③ ②のカードのうち町にある施設3つについて，指導者は "We have a ~, ~, and ~." と言う。：例 We have a play ground, swimming pool and convenience store.

④ 指導者は4枚の絵カードのうち，言わなかった施設が何か聞く。：What's missing?

⑤ 児童は指導者が言わなかった施設の名前を，手本を見ながらワークシートに書き写す。
：Please write the missing building in the worksheet.

⑥ 全員が書けたところで答えあわせをする。アルファベットの高さが正しいか，確かめる。
：Let's check the answer. What building is missing?

★ バリエーション

- ワークシートにない建物や施設を使ってもよい。ただし，ワークシートに書き写させる建物（町にない建物）は，ワークシートに綴りが書いてある建物にする。
- 児童を一人指名して，指導者の役を児童が行う。

ねらい

【知・技】施設や建物を四線に書き写す。
【思判表】町にある施設・建物とない施設・建物を考えながら聞く。
【学・人】聞き取れない場合は，もう一度言ってもらうよう頼む。

ワークシート ㉛ 施設・建物と町の紹介（２）

Date :　　/　　Day :　　Grade :　　Class :　　Name :

amusement park	aquarium	library	bookstore	department store
swimming pool	baseball stadium	train station	convenience store	play ground
skating rink	restaurant	zoo	cafe	castle

▶ 先生の言う英語を聞いて，ない施設や建物を聞き取り，手本を見ながら書いてみよう。

We don't have a　　　　　　　　　　　　　　．

We don't have a　　　　　　　　　　　　　　．

▶ 今日の振り返り：町にない施設や建物を聞き取って，英語を書き写すことができましたか。

32 人物紹介（1）

6年 聞くこと

⇩ どんな性格か想像しよう

語　彙	kind, smart, gentle, funny, strong, active, brave, popular, cool
表　現	Who is ~? She is ~. He is ~.
活動形態	全体（聞く）→ペア（聞く・話す）
準備物	ワークシート人数分，ワークシートにある語の絵カード，指導者→ワークシートにある性格をもつ人を数人，あらかじめ考えておく。

活動の進め方（性格当てゲーム）：Guess and say it in Japanese.

① ワークシートの性格を表す言葉の意味を，絵や指導者のヒントから推測する。
　指導者：I'll show you some pictures.（アンパンマン，○○さん，○○先生の写真を見せながら）アンパンマン is kind. ○○さん is kind. ○○先生 is kind. Look at your work sheet. Which picture means "kind"?（児童：Number 1.）
　指導者：That's right. Write "kind".（アンパンマンの写真の裏，または別紙に kind と書かれたものを提示して，ワークシートの絵カードの4線に「 kind 」と書かせる）（同じように，他の語も続ける）smart：賢い, gentle：穏やかな, funny：おもしろい, strong：強い, active：活発な, brave：勇気がある, popular：人気がある, cool：かっこいい

② 指導者はワークシートの性格を表す英語を発音し（1回目は順番，2回目はランダム），児童は絵を指さしながらリピートする。：Please touch the picture, and say the word.

③ ワークシートにある性格をもつクラスメートの名前を絵カードのカッコの中に書かせる。
　：Please write your classmates' names in blanks.

④ ペアになり，児童同士で，だれが親切か，賢いかなどを聞きあう。：Please make pairs. Ask "Who is kind?" 児童A：Who is kind? 児童B：○○くん is kind. 児童A：Yes. He is kind.

★ バリエーション

- だれが親切か，かっこいいかなど，グループや全員の前で発表する。

ねらい

【知・技】性格を表す語彙や表現を身につける。
【思判表】絵や指導者のヒントから，性格を表す英語の意味を推測し，友達の性格を英語で言ってみる。
【学・人】クラスメートのよい性格を見つけようとする。

ワークシート 32 人物紹介（1）

Date :　　/　　Day :　　Grade :　　Class :　　Name :

性格：He is ~.　She is ~.

① (　　　　　　　)

② (　　　　　　　)

③ (　　　　　　　)

④ (　　　　　　　)

⑤ (　　　　　　　)

⑥ (　　　　　　　)

⑦ (　　　　　　　)

⑧ (　　　　　　　)

⑨ (　　　　　　　)

▶今日の振り返り：性格を表す英語の意味がわかりましたか。友達の性格を英語で言えましたか。

33 人物紹介（2）

6年 聞くこと・話すこと

⬇ だれのことか当てよう

- **語　彙**　kind, cool, great, strong, gentle, active, brave, funny, smart, popular, friendly, big, small, tall, short
- **表　現**　Who is this? He/She is ~. He/She can ~. He/She is good at ~.
- **活動形態**　グループ（3から4人）（聞く・話す）
- **準備物**　ワークシート人数分，クラスメート3人についてのスリーヒントクイズをするため，ヒントを準備させておく．ヒントは①だれも正解がわからないヒント，②3分の1くらいの人がわかるヒント，③全員がわかるヒント，の順になるよう考えておくよう指導する．

活動の進め方（スリーヒントクイズ）：Let's play a three hint quiz.

① 指導者はワークシートの性格や得意なことを表す英語を発音し（1回目は単語，2回目は文），児童はワークシートの絵を指さしながらリピートする．：Touch the picture, and say the word (sentence).

② スリーヒントクイズのやり方を見せる．：Please watch me.
　例）Who is this? Hint number 1. He is active. Hint number 2. He can play the piano. Hint number 3. He is good at playing dodgeball. Who is he? That's right. / Sorry. Try again.

③ グループで，クイズを出しあう．：Please make a group of 4.

★ バリエーション
- 時間が余れば，グループのメンバーを変える．
- グループではなく，ペア活動としても行える．
- 一人ずつ，みんなの前でスリーヒントクイズを発表させることもできる．
- スリーヒントを全部言うまでは，答えを言わないよう指導しておく．

ねらい

- 【知・技】性格や性質を表す語彙や何かが得意だという表現を身につける．
- 【思判表】友達の性格や性質，得意なことを考え，英語で表現する．また，友達を紹介する英語を聞き，だれのことかを考える．
- 【学・人】友達のよいところを見つける．

ワークシート㉝ 人物紹介（2）

Date :   /   Day :   Grade :   Class :   Name :

〈性格・見た目：He / She is ~.〉

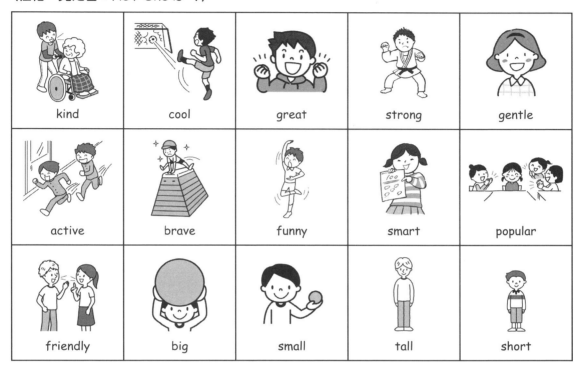

〈得意なこと：He / She is good at ~.〉

球　　　技：playing dodgeball/ baseball / soccer / basketball / volleyball / *kendama*
武　　　道：doing *judo / kendo / karate*
個人競技：swimming / running / skiing / skating / riding a unicycle
楽　　　器：playing the piano / recorder / violin / guitar / dram / trumpet
教　　　科：math / Japanese / science / social studies / music / P.E. / home economics
そ　の　他：cooking / singing / dancing / drawing pictures

▶今日の振り返り：友達についてスリーヒントが英語で出せましたか。友達のヒントを聞いて，だれのことかわかりましたか。

34 人物紹介（3）

6年 話すこと・聞くこと

友達の得意なことを紹介しよう

- **語　彙**　playing the piano, playing the recorder, playing *kendama*, playing *shogi*, playing badminton, doing *kendo*, doing *judo*, swimming, skating, skiing, cooking
- **表　現**　He is good at ~. She is good at ~.
- **活動形態**　ペア（聞く・話す）
- **準備物**　ワークシートを人数分用意し，あらかじめ配付しておき，児童は表の各項目に該当すると思う友達や先生の名前を書いておく。

活動の進め方（コンプリメント褒め言葉・シャワー）：Let's give complements.

① 指導者はワークシートの英語を発音し（1回目はフレーズ，2回目は文），児童はワークシートの絵を指さしながらリピートする。：Please touch the picture, and say the phrase.

② それぞれの項目に該当する友達を，別の友達のところに連れて行き得意なことを紹介する。

児童A：Hello. This is Haruto. He is good at playing *kendama*.

児童B：Oh, that's great.（英語で短いコメントをする）

児童A：Please give him "Like".

児童B：Sure.（Haruto のワークシートの "Like" の欄にサインをする）

Haruto：Thank you.

③ AとBの役割を交代して，Bの紹介したい友達を連れてきて得意なことを紹介する。

★ バリエーション

- どんな小さなことでもよいので，友達や先生の得意なことを見つけ，それを大切にする雰囲気が教室内にあふれるようにする。そのためには，活動を行う前に，指導者がクラスの児童の得意なことを例示してやるとよい。
- 時間が足りなければ，休み時間などを利用して，できるだけたくさんの友達とやりとりしてLike をもらうよう指示する。

ねらい

【知・技】第三者の得意なことを表現する英語を身につける。

【思判表】友達の得意なことを考え，それを英語で表現する。

【学・人】友達のよいところが聞き手に伝わるように，声の大きさやアイコンタクト，表情に気をつけながら紹介する。

ワークシート 34　人物紹介（3）

Date :　　/　　Day :　　Grade :　　Class :　　Name :

▶ 友達の得意なことを紹介しよう。

This is ~.　　男子：He is good at ~.　　女子：She is good at ~.

▶ Like（いいね）をもらおう。

👍 Like	👍 Like	👍 Like	👍 Like	👍 Like
👍 Like	👍 Like	👍 Like	👍 Like	👍 Like

▶ 今日の振り返り：友達の得意なことを別の友達に英語で伝えられましたか。

....
....
....

35 夏休みの思い出（1）

6年 聞くこと・話すこと

夏休みの思い出を話そう

語　彙	（場所）mountain, river, sea, countryside, play ground, amusement park, aquarium, shopping mall, swimming pool, grandparents' house, city, zoo （したこと）swimming, hiking, camping, fishing, shopping, playing baseball （感想）beautiful, exciting, delicious, fun, wonderful, cold
表　現	I went to / ate / enjoyed 〜. It was 〜.
活動形態	ペア（聞く・話す）
準備物	ワークシート人数分

活動の進め方（本当？うそ？）：True or false?

① 指導者はワークシートの場所などの英語を発音し（1回目は順番，2回目はランダム），児童はワークシートの絵を指さしながらリピートする。：Please touch the picture, and say the word.

② 指導者は夏休みの思い出を語る。本当の話かそうでないかを児童に想像させる。：Please listen to my summer vacation. True story or false?
　例）I went to America. I ate a hot dog. I enjoyed a baseball game. True or false? What do you think? True, raise your hand. False, raise your hand.

③ true or false の確認が終わったら，本当の思い出話をまとめてする。②の話が true であっても，もう一度話す。：Please listen to my summer vacation. I went to the 〜. I ate 〜. I enjoyed 〜. It was 〜.

④ 児童はペアになり，true or false ゲーム（②〜③）を行う。同じ活動を，相手を変えて何度も行う。：Please make pairs. Let's play "true or false game."

★ バリエーション

- ペアで行うのが難しそうな場合は，できそうな児童を指名し，みんなの前で②〜③を行わせる。

ねらい

【知・技】過去を表す表現（I went to /ate/ enjoyed 〜. It was 〜.）に慣れる。
【思判表】夏休みにしたことを英語で表現し，相手が言ったことが本当かどうか考える。
【学・人】先生や友達が夏休みにどんなことをしたのかについて興味をもつ。

ワークシート㉟ 夏休みの思い出（１）

Date :　　/　　Day :　　Grade :　　Class :　　Name :

▶ 行った場所を言ってみよう。: I went to the ~.

mountain	river	sea	countryside	play ground	amusement park
aquarium	shopping mall	swimming pool	grandparents' house	city	zoo

▶ 楽しんだことを言ってみよう。: I enjoyed ~.

swimming	hiking	camping	fishing	shopping	playing baseball

▶ 感想を言ってみよう。: It was ~.

beautiful	exciting	delicious	fun	wonderful	cold

▶ 今日の振り返り：夏休みの思い出を英語で言えましたか。

36 夏休みの思い出（2）

6年 書くこと・読むこと

⬇ 夏休みの思い出を書き残そう

- **語　彙**　「場所」：mountain, amusement park, zoo, aquarium, sea, river, swimming pool, library
「食べ物」：ice cream, watermelon, shaved ice, obento, curry and rice
「したこと」：camping, hiking, shopping, playing, reading, swimming, dancing
「感想」：fun, exciting, fantastic, wonderful, great, beautiful, nice, good
- **表　現**　I went to ~. I ate ~. I enjoyed ~. It was ~.
- **活動形態**　個人（書き写す，読む）
- **準備物**　ワークシート人数分

活動の進め方（夏休みの思い出を書き写そう）：Let's write about your summer vacation.

① 指導者はワークシートの「場所」の英語を発音し（1回目は語のみ・2回目は文），児童はワークシートの絵を指さしながらリピートする。：Touch the picture, and say the word (sentence).

② 児童は，自分の行った「場所」を選び，ワークシートの **I went to the** の後に場所を表す英語を書き写す。：Please choose one word. Copy the word. （以下，「食べ物」「したこと」「感想」も同じように進める）

③ 書き写し終えた児童はペアになり，自分の夏休みの思い出を読んで相手に聞いてもらう。

★ バリエーション

- 時間があれば，児童を指名し，夏休みの思い出を前で発表させる。
- リストにない英単語を使いたい場合，自分でタブレットPCや辞書で調べるよう指導する。

ねらい

【知・技】場所，食べ物，したこと，感想を表す語彙や表現を身につける。
【思判表】夏休みの思い出について，自分にあった語を選んで四線上に書き写す。
【学・人】音声でなじんできた英語を書き写そうとする。

ワークシート 36　夏休みの思い出（2）

Date :　　/　　Day :　　Grade :　　Class :　　Name :

▶夏休みの思い出を英語で書き残しましょう。〈場所・食べ物・楽しかったこと・感想〉

mountain	amusement park	zoo	aquarium	sea	river	swimming pool	library

I went to the _____.

ice cream	watermelon	shaved ice	*obento*	curry and rice

I ate _____.

camping	hiking	shopping	playing	reading	swimming	dancing

I enjoyed _____.

fun	exciting	fantastic	wonderful	great	beautiful	nice	good

It was _____.

▶今日の振り返り：夏休みの思い出を英語で書き残すことができましたか。

37 小学校の思い出（1）

6年 聞くこと・話すこと

小学校の思い出をたずねあおう

語　　彙	Entrance Ceremony, Filed Trip, Volunteer Day, Swimming Meet, Sports Day, School Trip, Music Festival, Drama Festival, Mochi Making Festival, Marathon, 6th Grade Farewell Party, Graduation Ceremony
表　　現	What's your best memory? My best memory is the ~.
活動形態	ペア（聞く・話す）
準 備 物	ワークシート人数分

活動の進め方（インタビュー）：Let's interview your friends.

① 指導者はワークシートの学校行事の英語を発音し（1回目は順番，2回目はランダム），児童はワークシートの絵を指さしながらリピートする。：Touch the picture, and say the word.

② 指導者は My best memory is ~. と思い出に残った行事を文で言い（1回目は順番，2回目はランダム），児童はワークシートの絵を指さしながらリピートする。：Please touch the picture, and say the sentence.

③ 児童はペアになり，思い出に残った行事を聞きあう。：Watch our demonstration.
　指導者：Hello. What's your best memory?
　児童A：My best memory is the School Trip.
　指導者：Your best memory is the School Trip. Nice.（児童Bの名前をワークシートに記入する）Why?
　児童A：I enjoyed shopping.
　指導者：You enjoyed shopping. I see.

④ 指導者は，言える人は理由も言うように促す。

★ バリエーション

- 指導者が最も思い出に残った行事の欄に，名前を記入した人が勝ちとする。

ねらい

【知・技】学校行事を表す英語と一番の思い出は○○ですという表現を身につける。
【思判表】思い出に残った行事とその理由を考え，英語で表現してみる。理由が英語で言えない場合は，ジェスチャーなどを工夫する。
【学・人】自分から多くのクラスメートに積極的に話しかける。

ワークシート ㊲ 小学校の思い出（１）

Date : / Day : Grade : Class : Name :

▶思い出に残っている行事を聞きあい，答えた人の名前を下のらんに書こう。言える人はその理由を言おう。: What's your best memory? My best memory is the ~. I enjoyed ~.

Entrance Ceremony	Field Trip	Volunteer Day	Swimming Meet

Sports Day	School Trip	Music Festival	Drama Festival

Mochi Making Festival	Marathon	6th Grade Farewell Party	Graduation Ceremony

▶今日の振り返り：英語での学校行事の言い方がわかりましたか。小学校の思い出を英語で言えましたか。

38 小学校の思い出（2）

6年 聞くこと・書くこと・読むこと

⬇ 小学校の思い出を発表しよう

語　彙	Eentrance Ceremony, Graduation Ceremony, Sports Day, School Trip, Field Trip, Music Festival, Swimming Meet, Drama Festival, School Festival, Marathon
表　現	What's your best memory?　My best memory is ~. We went to ~.　We saw ~.　I enjoyed ~. It was exciting / very fun / great / interesting.
活動形態	全体（聞く）→個人（書く）→グループ（読む）
準備物	ワークシート人数分，児童はあらかじめ Show and Tell 用の絵（自分の小学校の思い出）を画用紙に描いておく。学校行事の絵カード，タブレット PC・パソコン・辞書

活動の進め方（小学校の思い出を発表しよう）：Show and Tell.

① 指導者は黒板に学校行事の絵カードを貼り，学年ごとに振り返って，どの行事が一番楽しかったか手を挙げさせる。：What's your best memory in the first grade?　Raise your hand. Entrance Ceremony.　Music Festival. ……（学校行事を言う）（2年生以降も同じように続ける）

② 児童は，ワークシートに日本語と英語でスピーチ原稿をつくる。：Write in the worksheet.

③ 英語の綴りは，今までのワークシートを参考に調べる。それでもわからない場合は，タブレット PC やパソコン，辞書で調べる。：Please check spellings with your worksheets.

④ 指導者は，既習事項をもとに主語を We から I に変える部分を確認する。：Let's check.

⑤ 児童はできあがったスピーチ原稿を声に出して発表する練習をする。指導者は話す速さ，間の取り方，絵の活用，視線，声量，姿勢（立ち方），表情などを意識するよう指導する。

★ バリエーション

- グループでスピーチをタブレット PC などで撮影し，互いに意見を出しあい，改善する。
- 完成したプレゼンテーションをビデオに撮って外国語の授業の思い出として記録に残す。

ねらい

【知・技】学校行事を表す語彙を聞いたり，言ったりする。
【思判表】既習事項を活用して，小学校の思い出を英語で語る。
【学・人】友達や家族や先生方に，小学校の思い出の学校行事を英語で伝えようとする。

ワークシート38 小学校の思い出（2）

Date： ／ Day： Grade： Class： Name：

入学式	Entrance Ceremony	音楽会	Music Festival
卒業式	Graduation Ceremony	水泳大会	Swimming Meet
運動会	Sports Day	演劇会	Drama Festival
修学旅行	School Trip	文化祭	School Festival
遠足	Field Trip	マラソン大会	Marathon

▶ スピーチプラン：日本語で，まず書いてみましょう。
① 一番の思い出は＿＿＿＿＿＿＿＿＿＿＿＿＿です。
② 行った場所は＿＿＿＿＿＿＿＿＿＿＿＿＿です。
③ 見たものは＿＿＿＿＿＿＿＿＿＿＿＿＿です。
④ 楽しかったことは＿＿＿＿＿＿＿＿＿＿＿＿＿です。
⑤ それは，（ワクワクした・楽しかった・すばらしかった・おもしろかった）です。

▶ スピーチ原稿：英語は今までのワークシート，タブレットPC，パソコン，辞書などで調べて書き写しましょう。

My name is ＿＿＿＿＿＿＿＿．

My best memory is ＿＿＿＿＿＿＿＿＿＿＿．

We went to ＿＿＿＿＿＿＿＿＿＿＿．

We saw ＿＿＿＿＿＿＿＿＿＿＿．

I enjoyed ＿＿＿＿＿＿＿＿＿＿＿．

It was ＿＿＿＿＿＿＿＿＿＿＿．

Thank you.

▶ 今日の振り返り：スピーチ練習ポイントを◎・〇・△で評価しましょう。

	速さ		間		声量		視線
	立ち方		表情		絵の見せ方		伝わったか

39 職業（1）

6年 聞くこと・話すこと

なりたい職業とその理由を話そう

語　　彙	astronaut, baker, baseball player, bus driver, comedian, teacher, cook, dentist, doctor, farmer, fire fighter, vet, flight attendant, florist, pilot, singer, soccer player, zookeeper
表　　現	What do you want to be? I want to be a ~. Why? Because ~.
活動形態	ペア（聞く・話す）
準 備 物	ワークシート人数分，なりたい職業とその理由をあらかじめ考えてこさせる。

活動の進め方（なりたい職業インタビュー）：What do you want to be?

① 指導者はワークシートの職業の英語を発音し（1回目は単語のみ，2回目は文），児童はワークシートの絵を指さしながらリピートする。：Touch the picture, and say the word (sentence).

② 指導者は児童を一人指名し，デモンストレーションをする。：Please watch us.

　指導者：What do you want to be?
　児童A：I want to be a vet.
　指導者：You want to be a vet. Very nice. Why?
　児童A：Because I like animals.
　指導者：Oh, you like animals. What animals do you like?
　児童A：I like dogs and cats.
　指導者：Me, too. I like dogs and cats.

③ 児童はなりたい職業とその理由を4人に聞き，ワークシートに記入する。既習表現を使って，できるだけ会話を長く続けるよう指導する。：Interview four classmates.

★ バリエーション

・たくさんの児童と対話をさせ，自分と同じ職業に就きたい人が何人いたか調べさせる。

ねらい

【知・技】職業を表す語彙となりたい職業をたずねる表現やそれに答える表現を身につける。
【思判表】なりたい職業をたずねたり，なりたい職業とその理由を述べたりする。また，既習表現を使って，会話を続ける。
【学・人】積極的に話しかけ，相手の言ったことに反応する。

ワークシート ㊳ 職業（1）

Date :　　/　　Day :　　Grade :　　Class :　　Name :

astronaut	baker	baseball player	bus driver	comedian	teacher
cook	dentist	doctor	farmer	fire fighter	vet
flight attendant	florist	pilot	singer	soccer player	zookeeper

▶ 友達になりたい職業とその理由をたずねよう。What do you want to be?　Why?

友達の名前	なりたい職業：I want to be a ~.	その理由：Because ~.

▶ 今日の振り返り：友達になりたい職業を聞くことができましたか。また，なりたい職業と，その理由を言うことができましたか。

....
....

40 職業（2）

6年 書くこと・聞くこと・話すこと

なりたい職業を書き写そう

語彙 astronaut, baker, baseball player, bus driver, comedian, teacher, cook, dentist, doctor, farmer, fire fighrer, vet, flight attendant, florist, pilot, singer, soccer player, zookeeper

活動形態 個人（書く）→グループ（聞く・話す）

準備物 ワークシート人数分，職業を表す語の絵カード

活動の進め方（ビンゴゲーム）：Let's play BINGO game.

① 指導者はワードボックスにある英単語を，絵カードを示しながら発音し（1回目は単語のみ，2回目は文），児童はリピートする。：Look at the picture, and say the word (sentence).

② 児童は，ビンゴの枠に，ワードボックスの中から，9つ単語を選んで四線上に書き写す。
  ：Choose nine words, and write them in the BINGO sheet.

③ ビンゴゲームのやり方をデモンストレーションする。：Please watch us.
  指導者：What do you want to be?
  児童A：I want to be a teacher.
  （ビンゴの表に teacher があった場合）
  指導者：You want to be a teacher. Nice. Why?
  児童A：Because I like children.
  指導者：Oh, you like children. Very good. Please write your name here.
  （ビンゴの表に teacher がなかった場合）
  指導者：You want to be a teacher. Sorry. Bye.（別のパートナーを見つける）

④ ビンゴゲームを始める。：Let's start BINGO game.

★ バリエーション
- ビンゴができた児童には，2つ目，3つ目のビンゴを目指すよう告げる。
- ワークシートのワードボックスの文字だけを見て，ポインティングゲームを行う。

ねらい

【知・技】音声でなじんだ職業を表す語の意味を推測しながら書き写す。
【思判表】なりたい職業を聞いたり答えたりする。
【学・人】自分から，積極的にパートナーを見つける。

ワークシート ㊵ 職業（2）

Date :   /   Day :   Grade :   Class :   Name :

ワードボックス
astronaut, baker, baseball player, bus driver, comedian, teacher, cook, dentist, doctor, farmer, fire fighrer, vet, flight attendant, florist, pilot, singer, soccer player, zookeeper

▶ 下の四線に，上の職業を表す語を9つ書き写して，ビンゴゲームの準備をしましょう。

友達のサイン	友達のサイン	友達のサイン
友達のサイン	友達のサイン	友達のサイン
友達のサイン	友達のサイン	友達のサイン

▶ 今日の振り返り：書き写した英語が何の職業を表しているか，わかりましたか。

41 中学校生活（1）

6年 聞くこと・話すこと

入りたい部活動をたずねあおう

- **語　彙**　tennis team, volleyball team, basketball team, soccer team, baseball team, track and field team, dance team, softball team, handball team, table tennis team, *kendo* club, newspaper club, computer club, brass band, chorus, science club, art club, calligraphy club, English club, hand craft club
- **表　現**　What club do you want to join? I want to join the ~.
- **活動形態**　ペア（聞く・話す）
- **準備物**　ワークシート人数分

活動の進め方（インタビュー）：Let's interview your friends.

① 指導者はワークシートの部活動の英単語を発音し（1回目は順番，2回目はランダム），児童はワークシートの絵を指さしながらリピートする。：Please listen and touch the picture. Then, say the word.

② ①と同じ活動を，I want to join the ~. という文で行う。

③ 児童は入りたい部活動2つとその理由を考え，ワークシートに記入する。：What club do you want to join? Please write two teams or clubs in your worksheet.

④ 入りたい部活動を3人以上に聞く。：Interview three or more people.

　児童A：What club do you want to join?

　児童B：No. 1. I want to join the soccer team. I like soccer. No. 2. I want to join the brass band. I want to play the trumpet. What club do you want to join?

　児童A：No. 1. I want to join the science club. I'm good at science. No. 2. I want to join the tennis club. I like Nishikori Kei.

★ バリエーション

- 自分の入りたい部活動とその理由をグループ内，あるいはクラス全体の前で発表させてもよい。

ねらい

【知・技】部活動の名前や入りたい部活動を伝える表現を身につける。

【思判表】入りたい部活動とその理由を考え英語で表現し，相手に入りたい部活動を英語で聞く。

【学・人】入りたい部活動を考え，中学校生活に対する興味・関心を高める。

ワークシート 41　中学校生活（1）

Date：　　/　　Day：　　Grade：　　Class：　　Name：

What club do you want to join?　I want to join the ~.

▶ 入りたい部活動とその理由を考え，友達と聞きあおう。

名前	第一希望とその理由	第二希望とその理由
自分		

▶ 今日の振り返り：相手に入りたい部活動を聞いたり，自分の入りたい部活動を言ったりできましたか。

42 中学校生活（2）

6年 聞くこと・書くこと

部活動の名前を書き写そう

語　彙　tennis team, volleyball team, basketball team, soccer team, baseball team, track and field team, dance team, *kendo* club, newspaper club, calligraphy club, science club, art club, computer club, brass band, chorus

表　現　What club do you want to join? I want to join the ~.

活動形態　ペア（聞く）→個人（書き写す）

準備物　ワークシート人数分

活動の進め方（ポインティングゲーム）：Let's play a pointing game.

① 指導者はワークシートの部活動の英単語を発音し（1回目は順番，2回目はランダム），児童はワークシートの絵を指さしながらリピートする。：Please listen and touch the picture. Then, say the word.

② 児童はペアになり，指導者は部活動の英単語をランダムに発音する。指導者が言った絵を先に指さした児童が1点もらえる。：Please make pairs. If you touch the picture first, you'll get one point.

③ 児童は指導者に What club do you want to join? とたずね，指導者は I want to join the ~. と答え，②と同じ手順で，ゲームを行う。

④ 児童は自分の入りたい部活動や興味のある部活動を2つ選んで書き写す。表の中に自分の入りたいクラブがない場合，㊶のワークシートを見るよう促す。それでもない場合は，指導者に聞いたり，自分で調べたりするよう指導する。

★ バリエーション

- ペアやグループになり，一人の児童が指導者役になってポインティングゲームを行う。
- 他の語彙や文でも，同じ活動ができる。

ねらい

【知・技】 部活動を表す語彙や，部活動に入りたいという表現に慣れ親しむ。

【思判表】 語順を意識しながら，語彙リストを参考に〇〇部に入りたいという文を書き写す。

【学・人】 自分の入りたい部活動を考え，中学生活への興味を高める。

ワークシート ㊷ 中学校生活（２）

Date :　　/　　Day :　　　Grade :　　　Class :　　　Name :

▶ 入りたい部活動を言ってみよう。：I want to join the ~.

tennis team	volleyball team	basketball team	soccer team	baseball team
track and field team	dance team	*kendo* club	newspaper club	calligraphy club
science club	art club	computer club	brass band	chorus

▶ 自分の入りたいクラブや興味のあるクラブを選んで，書き写そう。

I want to join the　　　　　　　　　　　　　　　.

▶ 今日の振り返り：自分の興味のあるクラブの英語を書き写せましたか。

Chapter3 5・6年生で活用できるアクティビティ

絵本の活用（㊸・㊹）を読む前に
―英語の絵本のお話を聞こう

　絵本は，子どもたちにとって身近な存在であり，言葉の成長とともに心の成長にも役立つため，児童英語教育では多用されています。たとえ10分間でも継続して読み聞かせをしていくことで，言葉への気づきや異文化への興味・関心を高めることができます。
　英語絵本は活用方法を工夫すれば，「聞く」「話す」「読む」「書く」という4技能すべてにおいて効果的な教材となります。ここでは<u>短時間学習における</u>英語絵本の活用を紹介します。

　短時間学習で扱う絵本は，以下の4点に注意して選ぶとよいでしょう。
① 絵本のサイズと音源：教室で絵本を活用する場合は大型絵本（Big Book）が便利である。音声CDがついていれば，音源が確保できる。CDの中に効果音が入っているものもあり，臨場感あふれる読み聞かせができる。5分以内で読み切れるものを選びたい。
② 理解可能なストーリー：イラストを見て，ストーリーが予測できる絵本を選ぶ。児童にとって身近な話題が扱われている絵本は，話の内容が理解しやすく，その後の活動に結びつけやすくなる。
③ 繰り返し：同じ語や表現が繰り返し出てくる絵本を選ぶ。何度も同じ語や表現が聞こえてくると耳に残り，知らず知らずのうちに口ずさんだりするようになり，自然に覚えていく。また，文構造や音のパターンなどに対する気づきが生まれやすい。
④ リズム・アクセント・韻：英語独特のリズム・アクセントを丸ごと聞くことができるよう，短くても，リズム感のある文で構成されている絵本を選ぶ。同じ韻を含んだ文が繰り返し出てくると記憶に残りやすく，真似をしやすい。

　英語の絵本の読み聞かせをするときは，以下の5点に気をつけて読むとよいでしょう。
① 読む前（またはCDを聞かせる前に）表紙を見せてどんなお話か想像させる。
② イラストを指さしたり，単語を指さしたりして読み進める。
③ ジェスチャーをつけ，表情豊かに読む。
④ 絵本の文言のみを読むのでなく，絵や話の筋について時折質問（日本語でも可）をする。
⑤ 同じ絵本を複数回使う。

　次の12冊は大型サイズ本やCDが入手できる，短時間学習で使いやすい英語絵本です。

	タイトル	語彙	内容
1	The Very Hungry Caterpillar	曜日 食べ物	あおむしが曜日ごとに異なる果物，食べ物を食べて身体が大きくなり，蛹になって美しい蝶になる。
2	Brown Bear, Brown Bear, What do you see?	色 動物	茶色のクマ，白いイヌなど9種類の動物が出てくる。美しいイラストと心地よいリズムのある文章。
3	Today is Monday	曜日 食べ物	お腹をすかせた子どもたちが曜日ごとに食べる食べ物がリズムよく出てくる。歌もある。
4	From Head to Toe	動物 身体部位	"Can you do it?" の文章と身体部分を使ってポーズをとりながら "I can do it!" と言う楽しい物語。
5	My Pet	形容詞	少年が夢のペットを飼って散歩すると様々な出来事が起きる。形容詞 tall, fast, slow などを学べる。
6	A Beautiful Butterfly	果物 色	一匹の虫が美しい蝶になりたくて想像の世界を広げる。果物，色が学べる。
7	Our Sweet Home	虫 前置詞	美しいイラストとともに四季，虫の名前とともに前置詞 on, under などを学べる。
8	A Teddy Bear	身体部位	バラバラで捨てられていたクマのテディがもと通りになって元気になる。身体の部分名を学べる。
9	Who Will Help?	未来形 否定形	「手伝って」と頼むネズミ。だれもが "Not me."（嫌だ）と逃げていき，できあがったリンゴパイを独り占めする。
10	City Mouse and Country Mouse	動詞	自分の生活に不満をもつ都会のネズミと田舎のネズミが入れ替わり，お互いの利点を発見する。
11	Five Little Monkeys	数字	繰り返しの多いリズムを含む文章で，1－5の数字を楽しく学べる。歌もある。
12	The Gingerbread Man	動詞	しょうが入りクッキーを食べる冬に使うとよい。英語文のリズムもよくストーリーも楽しい。

㊸・㊹のアクティビティのねらい

【知・技】絵本に出てくる語彙や表現を，物語の内容や自分の生活と関連づけて身につける。また，単語や表現を繰り返し声に出し，英語のアクセント・リズムを身につける。

【思判表】英語を聞いて，イラストや指導者のジェスチャーをヒントに話の内容を推測する。

【学・人】絵本を通して得られる疑似体験を通して，他者の視点から物事を見たり感じたり考えたりする。

43 絵本の活用（１）

5年・6年 聞くこと・書くこと

⬇ どんなお話か聞いてみよう

活動形態 全体（聞く）
準 備 物 ワークシート人数分

活動の進め方（どんなお話かな？）：Let's read a picture book.

① 表紙を見て「どんなお話かな？」と児童に想像させる。：What's the story about?
   例）（絵を指さして）What's this? What's this animal? What's this color?
       Do you like ~?
② 指導者は絵本のタイトルを言いながら，タイトルを英語で黒板に書く。：Today's story is ~.
③ 指導者は児童とやりとりしながら，絵本を音読する。：Let's listen to the story.
   例）①と同じような質問をしながら読み進める。（次のページをちらっと少しだけ見せて）
       What's the next animal? What happens next?（次はどうなるか想像させる）
④ 指導者は，２回目の音読を途中で止まらずに読む。（または CD を流す）：Listen again.
⑤ 指導者はワークシートを配付し，児童に絵本のタイトルを書き写させる。

ワークシート ㊸ 絵本の活用（１）

Date :   /   Day :   Grade :   Class :   Name :

▶ 絵本のタイトルを書き写そう。

▶ 今日の振り返り：質問の答え◎，〇，△と絵本の感想を書きましょう。

絵本のストーリーを楽しく聞けましたか？	
お話の内容がわかりましたか？	
本の題名を書き写すことができましたか？	
感想：	

44 絵本の活用（2）

5年・6年 聞くこと・書くこと

聞こえた英語を書き写してみよう

活動形態 全体（聞く・書く）
準備物 ワークシート人数分，絵本に出てくる既習語の絵カード10枚ほど

活動の進め方（どんな英語が聞こえたかな）：What words did you hear?

① 指導者は絵本のタイトルを児童に聞き，タイトルを英語で黒板に書く。：What's the title?
② 指導者は絵本を1回音読する。（またはCDを流す）：Let's listen to the story.
③ 音読後，指導者は児童に聞き取れた言葉をたずね，出てきた語の絵カードを10枚ほど黒板に貼る。：What words did you hear?
④ 指導者は絵本を再度音読する。児童は板書した単語のみ指導者と一緒に言う。（指導者は板書した単語が出てくるところで絵カードを指さすなどして児童に合図を送る）：Let's read.
⑤ ワークシートを配付し，児童に聞こえた単語をいくつか選んで書き写させる。

ワークシート 44　絵本の活用（2）

Date :　　/　　Day :　　　Grade :　　　Class :　　　Name :

▶ 聞こえた英語をいくつか選んで書き写してみよう。

▶ 今日の振り返り：質問の答え◎，○，△と絵本の感想を書きましょう。

お話の内容がわかりましたか？	
聞こえた言葉を真似して言うことができましたか？	
聞こえた英単語を選んで書き写すことができましたか？	
感想：	

英語の音と文字（㊺〜㊿）を読む前に
―簡単な単語を読んだり書いたりしよう

文　字	s, a, t, i, p, n
語　彙	it, at, in, sit, sat, pin, pan, nap, sip など
活動形態	一斉授業
準備物	ワークシート人数分

　英語の文字（アルファベット）には，それぞれ文字の「名前」と「音」があります。単語を読んだり書いたりするときには，文字の「音」を使います（母音は名前も使うことがあります）。英語の音がどの文字になるのか，また逆にそれぞれの文字がどんな音を出すのかがわかれば，ひらがなのように自分で英単語の読み書きができるようになります。

　英単語は，何回か書いて覚える方法が主流です。児童の中には，単語を丸暗記して覚えられても，はじめて見る単語を読んだり，聞いた単語を綴ったりすることに難しさを感じる児童もいます。また，暗記や書くことが苦手な児童には，この「暗記法」では負担が大きいです。単語を丸ごと覚えようにも，それぞれの文字の音が伴わなければ，意味をもたない記号の羅列を書くだけになってしまいます。その結果，フリガナを振って読んだり，英単語をローマ字のように綴ったりしてしまいます。これでは，自分の力で単語を正しく発音したり読んだりすることは難しいです。

　英語の文字にも，ひらがなのように「一文字ずつ音がある」ことを児童が認識し，聞いた単語を音を頼りに書いたり，書かれている単語を一つずつ音を発しながら読んだりできれば，暗記に頼らずに自分で読み書きができるようになります。㊺〜㊿では，小学１年生でひらがなを指導するように，英語の読み書きの基礎をどのように指導していくか紹介します。

　なお，指導する文字と音は，ここでは ABC 順ではなく，３文字の単語（子音＋母音＋子音）がつくりやすい文字順で紹介します。英語には音が42前後ありますが，ここではさわりの部分の６音を紹介します。指導の流れを以下に示します。

(1) 今日の文字の音の確認

　それぞれの文字の音の出し方を以下，日本語と比較して紹介します。授業では児童に日本語で説明し，日本語と英語の音の違いを体を使って感じさせます。日本語の一つの音は，常に子音と母音がくっついて成り立っています。例えば，sit は，日本語ではシ・トと分けてしまいますが，英語は s-i-t というように３つの音で成り立っています。①ではこの一つひとつの音を指導していきます。

(2) 今日の文字を書く練習

　単語を読み書きするときは，小文字を使用します。大文字は「文のはじめ」「固有名詞のはじめ」などで用いられ，通常，単語を書くときは小文字を使用します。中学生になっても，大文字と小文字が入り混じった文を書く生徒も多く，単語は小文字で書くことに慣れさせていき

たいところです。

　文字を書く練習は、指導者が黒板で書き方を示します。文字の書き順は英語では特に決まったものはないですが、ひらがなでも一筆書きが書きやすいのと同様、英語の文字も一筆書きで書くようにすることが望ましいです。

　また、中には大文字と小文字の区別が難しかったり、4本線のどこに文字を書いていいかわからなかったりする児童もいるため、最初は4本線ではなく、2本線を使って文字指導を行ってもよいでしょう。4本線を使用する場合は、主に小文字がくる空間部分（上から2本目と3本目の間）に薄く色をつけるなどの工夫もするとよいでしょう。

(3) 今日の文字と既習の文字を使って単語を読む練習

　3文字目の t から、各文字の音を出してくっつけて単語を読む練習を行います。はじめは音をくっつけるということが児童には理解しにくいため、一文字ずつフラッシュカードに書き、段々と文字がくっついて単語になる様子を見せるとよいでしょう（右の図）。

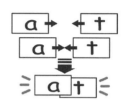

(4) 今日の音が単語の中で聞こえるか聞き取る練習

　単語の中で音が聞こえるようになると、はじめて聞いた単語も何の音でできているかわかるようになってきます。それができると、徐々にはじめて聞いた単語を音別に分解し、その音に文字をつけて書き表すことができます**(5)**。そのための前段階として、単語を聞かせ、その単語の中で今日習った音が聞こえるかを問います。最初は英語が子音と母音に分けられることがわからず、日本語のように子音と母音をくっつけて「一音」としますが、右の図のように子音と母音が分けられる、ということを指などで見せていくと、徐々に自分で音を分別できるようになり、自分の力で聞いた単語が書けるようになっていきます。

(5) チャレンジ：今日の文字と既習の文字を使って単語を書く練習（4, 5, 6回目のみ）

　指導者が単語を言い、その音が何の音でできているかを確認し、文字で表す練習を行います。そのまま言っただけでは、どの音でできているかわかりづらい児童もいるため、次のように言います。

- 単語を普通の速さで言う（2回）
  児童の様子を見ながら次に、
- いくつの音でできているか指などで示しながら一音ずつ区切って言う（2回）（**(4)**の図参照）

　以上の方法で、6回分の授業を紹介します。なお、指導の流れの中で / 文字 / と書かれている部分はその文字の「音」を意味します。/ / がない場合は、その文字の名前とします。

㊺〜㊿のねらいとワークシートの答え・解説

㊺〜㊿のねらい

【知・技】s, a, t, i, p, n の文字と音を一致させる。s, a, t, i, p, n の文字を大きさに気をつけて書く。

【思判表】書かれている単語の文字を見て、/s//a//t//i//p//n/ の音で表し、それらを結合させて単語として読む。聞いた単語のどこに /s//a//t//i//p//n/ の音があるか認識する。また、既習の文字を用いて、聞いた単語を文字に表す。

【学・人】文字の音や形に興味をもち、英単語を自分の力で読もう、書こうとする。

㊺〜㊿のワークシートの問題の答え・解説

㊺の問題の答え

(1) star (○) (2) swim (○) (3) cat (×) (4) grass (○) (5) sit (○) (6) fish (×)

㊺の解説

(1) star は s-t-ar という音から成り立っています。真ん中の t は 3 回目に学習する音です。最後の ar は口を縦に大きく開けて出す「ァァ」という 1 つの音になります。

(5) sit は /s/ の音が聞こえづらいため、/s/ の音がないと答える児童が多いです。2 回普通のスピードで聞かせた後、ゆっくりと s-i-t と言うようにし、日本語では「シ」に聞こえる音が英語では s と i に分かれることに気づかせます。

(6) fish の綴りには s がありますが、sh で一つの「シュ(このときも喉は震えない)」という音で、/s/ とは異なります。

㊻の問題の答え

(1) ant (○) (2) apple (○) (3) cat (○) (4) up (×) (5) ham (○) (6) star (×)

㊻の解説

(1) ant の n は 6 回目、t は 3 回目の音なので、発音の仕方はそちらを参照してください。

(3) cat は、/a/ を強めに言ってみます。最後の t の音は次回の音なので、発音はそちらを参照してください。

(4) up の u は手を頬に当てても動かない「あ」です。何か気がついたときに出る日本語の「あ」という音です。p は 5 回目の音です。

(5) ham は日本語ではハ・ムとなり、ハの中には a の音が聞こえないので、ゆっくり h-a-m と言います。

(6) star は s-t-ar という音で、最後の ar は口を縦に大きく開けて出す「ァァ」という 1 つの音でこれも頬は動かない「ア」という音になります。

㊼の問題の答え
　(1) tree (○)　(2) sit (○)　(3) ten (○)　(4) chips (×)　(5) hat (○)　(6) star (○)
㊼の解説
　(3) ten は日本語ではテンであるため，/t/ と /e/ がくっついて聞こえ，/t/ がないと言う児童もいます。そこで，ゆっくりと t-e-n と発音し，「テ」の音が英語では /t/ と /e/ に分かれるということに気づかせます。

㊽の問題の答え
　(1) ink (○)　(2) Italy (○)　(3) tree (×)　(4) sit (○)　(5) skip (○)　(6) pet (×)
㊽の解説
　(2) 最後の y と (3) の tree の ee は，/i/ よりも長い「いぃ」という音になります。私たち日本人には「い＋ぃ」と聞こえるため，「い」があるように感じますが，実際には「いぃ」で一つの音です。

㊾の問題の答え
　(1) stop (○)　(2) bat (×)　(3) tap (○)　(4) pig (○)　(5) skip (○)　(6) pet (○)
㊾の解説
　(2) の bat の /b/ は /p/ の有声音。唇を思い切り前に出しながら「ブ」と言います。
　(4) の pig は /p/ が聞こえないという児童もいるため，ゆっくり p-i-g と言います。

㊿の問題の答え
　(1) pin (○)　(2) pen (○)　(3) map (×)　(4) ant (○)　(5) swim (×)　(6) pan (○)
㊿の解説
　(3) の map, (5) の swim の m は /n/ と似ているため，児童の多くは /n/ があると言いますが，m のときは唇を閉じて，その違いを見せます。

⇩ s の音を聞いて，言って，書いてみよう

45 英語の音と文字（1）

5年・6年 読むこと・書くこと

　英語の s の音は，標準語で「おはようございます」（末尾が下がる）のときの「す」の音で，喉に手を当てたときに喉が震えません（地域によっては語尾が上がり，はっきりと「す」を発音するため注意）。

　日本語の「す」は，単独で言うと喉が震え，この音を伸ばすと「う」になります。しかし，英語では，/s/ の音をずっと伸ばしても「う」とは聞こえず，声に出ません。音になります。

活動の進め方（s の字を学ぼう）：Today's letter is "s."

① 今日の文字の音の確認をする。：Let's learn "s."

　指導者：今日はこの文字「s」について勉強します。まず，「おはようございます」と言ってみよう。もう一度，喉に手を当てて言ってみよう。最後の「す」は喉が震えないね。

　児　童：/s/（喉に手を当てながら）

　指導者：この /s/ の音は，英語で s と書きます。今まで「エス」と言っていたけれど，「エス」はこの文字の名前で，単語を読んだり書いたりするときは喉が震えない /s/ という音を使います。この音は，伸ばしてもずっと /s/ という音です。日本語の「す」を伸ばすと「う」になりますが，s は「う」にはなりません。試してみてください。

　児　童：/s/，「す」（自由に音を出させる）

② 今日の文字を書く練習をする。：Let's write the letter /s/.

　指導者：この /s/ はこう書きます。（黒板に大きく s を書いて見せる）みんなも手を出して一緒に空書きしよう。

　（その後，プリントに書く練習をさせる）

③ 今日の音が単語の中で聞こえるか聞き取る練習をする。：Listen to /s/.

　指導者：今から先生がプリントの絵を英語で言います。その単語に /s/ の音が聞こえるか，よく聞いてください。/s/ の音が聞こえたら，その絵に〇をつけてください。

ワークシート㊺　英語の音と文字（1）

Date：　　／　　Day：　　Grade：　　Class：　　Name：

▶ 文字の練習をしよう。

S s s s

▶ 音が聞こえるかな？　s の音が聞こえた絵に○をつけよう。

▶ 今日の振り返り：s の音が聞けましたか。s の音を言うことができましたか。

↓ a の音を聞いて，言って，書いてみよう

46 英語の音と文字（2）

5年・6年 読むこと・書くこと

　a は，日本人にとって発音することも聞き取ることも難しい音です。英語には日本人が「あ」と認識する音が5つほど存在するためです。日本人には同じ「あ」としか聞こえませんが，英語話者はこの音をすべて使い分けています。

　この /a/ という音は，人が驚いたときに「きゃあ！」と叫ぶ声を，そのまま伸ばしたときに出る「あ」という音に近いです。驚いたときには口が横に開き，頬が高くなります。

　児童と練習するときは，両手を頬に当て，頬が動く感覚をとらえさせます。もしくは，思いきり「え～」と言って，その口の形を保ったまま「あ」と言います。頬が動くくらい口を横に開いて音を出すことです。このときの声が，日本語の「あ」より高くなる感じがします。

活動の進め方（a の字を学ぼう）：Today's letter is "a."

① 今日の文字の音の確認をする。：Let's learn "a."
　指導者：今日はこの文字「a」について勉強します。私たちは，驚いたときに「きゃあ！」と言うことがありますね。思いきり口を横に開いて「きゃあ！」という口の形を保ったまま「あ」と言いましょう。このとき，頬に手を当ててみてください。頬が動くのを感じますか？　一度，普通に日本語で「あ」と言ってみましょう。頬は動きませんね。では驚いて，「きゃあ！」の「あ」を出しましょう。
　児　童：（頬に手を当てながら）「あ！」
　指導者：この驚いたときの「あ」の音は，英語で a と書きます。今まで「エィ」と言っていたけれど，「エィ」はこの文字の名前で，単語を読んだり書いたりするときは頬が動く /a/ という音になります。私たちが言う「あ」と比べてみましょう。
　児　童：/a/，「あ」（頬に手を当てて，自由に音を出させる）

② 今日の文字を書く練習をする。：Let's write the letter /a/.
　指導者：この /a/ はこう書きます。（黒板に大きく a を一筆で書いて見せる）みんなも手を出して一緒に空書きしよう。
　（その後，プリントに書く練習をさせる）

③ 今日の音が単語の中で聞こえるか聞き取る練習をする。：Listen to /a/.
　指導者：今から先生がプリントの絵を英語で言います。その単語に /a/ の音が聞こえるか，よく聞いてください。/a/ の音が聞こえたら，その絵に〇をつけてください。

ワークシート㊻ 英語の音と文字（２）

Date :　　/　　Day :　　Grade :　　Class :　　Name :

▶文字の練習をしよう。

▶音が聞こえるかな？　a の音が聞こえた絵に○をつけよう。

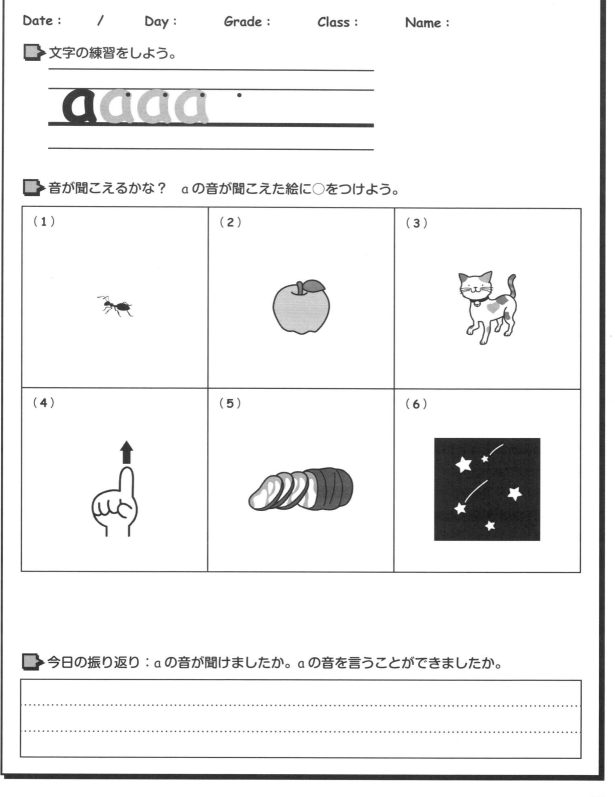

▶今日の振り返り：a の音が聞けましたか。a の音を言うことができましたか。

> ⇩ t の音を聞いて,言って,書いてみよう

47 英語の音と文字（3）

5年・6年 読むこと・書くこと

　t は日本人が発音すると,どうしても「ツ」または「ト」となります（tree のときは「ツ」,cat のときは「ト」）。これは母音が t の音にくっついており,正確な音ではありません。

　t の音は,舌先を上あご(前歯の付け根あたり)に当て,思いきり弾いて出します。この /t/ も喉に手を当ててみると,震えないのがわかります。

　指導の際は日本語の「ト」は喉に手を当てると震え,英語の /t/ は震えないことを伝えます。この音は /s/ のように伸ばすことができません。

活動の進め方（t の字を学ぼう）: Today's letter is "t."

① 今日の文字の音の確認をする。: Let's learn "t."
　指導者：今日は文字「t」について勉強します。この文字の音は /t/ です。ん？　あまりよく聞こえない音ですね。喉に手を当ててみましょう。/t//t//t/ 震えないですね。
　児　童：(喉に手を当てながら) /t//t//t/
　指導者：では,今度は日本語で「ツ」と言ってみましょう。喉に手を当てると,震えますね。それぞれ喉に手を当てながら比べてみましょう。
　児　童：/t/,「ツ」(喉に手を当てて,自由に音を出させる)

② 今日の文字を書く練習をする。: Let's write the letter /t/.
　指導者：この /t/ はこう書きます。(黒板に大きく t を一筆で書いて見せる) 縦にまっすぐ下りてきて,横棒は後になります。みんなも手を出して一緒に空書きしよう。(その後,プリントに書く練習をさせる)

③ 今日の文字と既習の文字を使って単語を読む練習をする。: Let's read a word.
　指導者：今日は今まで習った文字を使って,単語を読んでみます。(黒板に at と書く) さぁ,この単語を一文字ずつゆっくり発音してみましょう。
　指・児：a　t（a と t を単独で発音）
　指導者：今から a を伸ばしながらこの2つの音をくっつけていきますよ（指・児：a~~~t）。
　指導者：だんだん速く読んでいきましょう（指・児：a~~t, a~t, at）
　指導者：at という単語が読めましたね。時刻の勉強で出てきた at 6 o'clock の at です。
　指導者：次にこの単語を読んでみましょう（黒板に sat と書く）。
　指・児：s~~~a~~~t, s~~a~~t, s~a~t, sat
　指導者：sat と読めましたね！　これは「座りました」という意味です。

④ 今日の音が単語の中で聞こえるか聞き取る練習をする。: Listen to /t/.
　指導者：今から先生がプリントの絵を英語で言います。その単語に /t/ の音が聞こえるか,よく聞いてください。/t/ の音が聞こえたら,その絵に○をつけてください。

ワークシート 47　英語の音と文字（3）

Date :　　/　　Day :　　　Grade :　　　Class :　　　Name :

▶ 文字の練習をしよう。

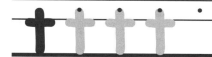

▶ 音が聞こえるかな？　†の音が聞こえた絵に○をつけよう。

(1)	(2)	(3)
		10
(4)	(5)	(6)

▶ 今日の振り返り：†の音を聞いたり，言ったりすることができましたか。習った文字を組みわせた単語が読めましたか。

⇩ i の音を聞いて，言って，書いてみよう

48 英語の音と文字（4）

5年・6年 読むこと・書くこと

　日本語の「い」は口角を耳の方に引っ張って出すのに対し，英語の /i/ はそれよりも少し口の力を抜いた形で出します。日本人には日本語の「い」と「え」の中間くらいに感じるため，時々英語の /i/ を /e/ と間違えることもあります。また，単語の綴りを書く際，/i/ という音を e の名前と勘違いする児童が多く，例えば，pin と書こうとして pen と書いてしまうことがあります。これは，い＝e と思っており，文字の名前と音の区別がついていないために起こります。

活動の進め方（i の字を学ぼう）：Today's letter is "i."

① 今日の文字の音の確認をする。：Let's learn "i."
　指導者：今日はこの文字「i」の音です。日本語では「い」の音は思いきり，口を横に引っ張ります。はい，言ってみましょう（児童：い〜〜〜）。
　指導者：英語の /i/ は少し口を軽く開いて言う「い」です。少しだけ「え」に近いです。

② 今日の文字を書く練習をする。：Let's write the letter /i/.
　指導者：この /i/ はこう書きます。（黒板に大きく i を一筆で書いて見せる）縦にまっすぐ下りてきて，点は最後につけます。みんなも手を出して一緒に空書きしよう。（その後，プリントに書く練習をさせる）

③ 今日の文字と既習の文字を使って単語を読む練習をする。：Let's read a word.
　指導者：今日は今まで習った文字を使って，単語を読んでみます。（黒板に it と書く）さぁ，この単語を一文字ずつゆっくり発音してみましょう（指・児：i〜〜〜t）。
　指導者：だんだん速く読んでいきましょう（指・児：i〜〜t, i〜t, it）。
　指導者：it という単語が読めましたね。it は「それは」という意味もありますが，おにごっこの「おに」も it と言います。
　指導者：次にこの単語を読んでみましょう（黒板に sit と書く）。
　指・児：s〜〜〜i〜〜〜t, s〜〜i〜〜t, s〜i〜t, sit
　指導者：sit と読めました！　これは「座ります」という意味でいつも授業で使いますね！

④ 今日の音が単語の中で聞こえるか聞き取る練習をする。：Listen to /i/.
　指導者：今から先生がプリントの絵を英語で言います。その単語に /i/ の音が聞こえるか，よく聞いてください。/i/ の音が聞こえたら，その絵に○をつけてください。

⑤ 今日の文字と既習の文字を使って単語を書く練習をする。：Let's write.
　指導者：チャレンジです！（4）の sit は今まで習った音だけでできています。どの音でしょうか？（左手の指3本を手のひらが児童に向くように見せて，人差し指，中指，薬指をさしながらゆっくりと s〜〜i〜〜t と言い，sit が3つの音でできていることに気づかせる）書ける子は，プリントの「チャレンジ！」に書いてみましょう。

ワークシート48　英語の音と文字（４）

Date :　　/　　Day :　　Grade :　　Class :　　Name :

▶ 文字の練習をしよう。

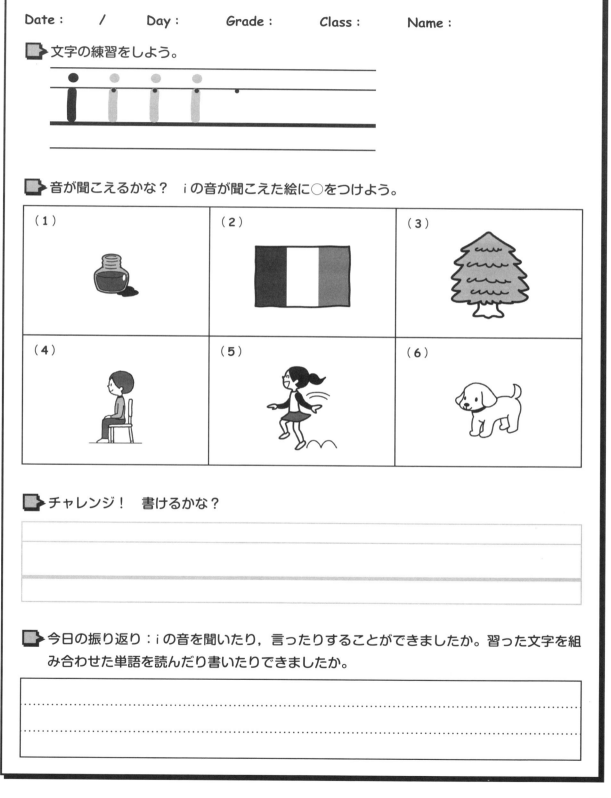

▶ 音が聞こえるかな？　i の音が聞こえた絵に○をつけよう。

(1)	(2)	(3)
(4)	(5)	(6)

▶ チャレンジ！　書けるかな？

▶ 今日の振り返り：i の音を聞いたり，言ったりすることができましたか。習った文字を組み合わせた単語を読んだり書いたりできましたか。

> ⬇ pの音を聞いて，言って，書いてみよう

49 英語の音と文字（5）

5年・6年 読むこと・書くこと

　日本語で「プ」と発音すると喉が震えますが，この /p/ も /s/，/t/ 同様喉が震えない音です。「プ」と同じ口の形をつくり，「プ」と言う瞬間，唇を思いきり突き出すようにして無声音 /p/ を出します。音が聞こえないので不安に思いますが，口から約20cm離したところに薄い紙（手）を置き，/p/ と発音したときに紙が揺れれば（手に息が当れば）大丈夫です。また，/p/ と /a/，/p/ と /i/ をくっつけて発音するのは難しく，多くは「プァ」「プィ」となり，「パ」「ピ」という音が出にくいものです。これは /p/ に母音がくっつき，日本語の「プ」になってしまっているためです。その場合は，pa, pi の母音を強く言うようにします。

活動の進め方（pの字を学ぼう）：Today's letter is "p."

① 今日の文字の音の確認をする。：Let's learn "p."
　指導者：今日は「p」の音です。まず日本語で「ぷ」と言ってみます。伸ばすと「う」となります。喉に手を当てましょう。震えますね。しかし，英語の /p/ は震えません。喉に手を当てながら，日本語の「ぷ」と英語の /p/ を比べてみましょう。
　児　童：/p/「ぷ」（喉に手を当てながら）
　指導者：英語の /p/ は唇で思い切り音を破裂させて出すので，手を口から離して置いてみると，空気を感じますよ。はい，手を出して空気を感じてみましょう。

② 今日の文字を書く練習をする。：Let's write the letter /p/.
　指導者：この /p/ はこう書きます。（黒板に大きく p を一筆で書いて見せる）今までの文字と違って，この /p/ は線の下に降りてきます。降りてきたらそのままその棒に沿って上に上がり，くるりと半円を書きましょう。みんなも手を出して一緒に空書きしよう。（その後，プリントに書く練習をさせる）

③ 今日の文字と既習の文字を使って単語を読む練習をする。：Let's read a word.
　指導者：今日も今まで習った文字を使って，単語を読んでみます。（黒板に pit と書く）さぁ，この単語を一文字ずつゆっくり発音してみましょう（指・児：p~~~i~~~t）。
　指導者：だんだん速く読んでいきましょう（指・児：p~~i~~t, p~i~t, pit）。
　指導者：pit と読めました！ pit は「地面のくぼみ」や「穴」です。砂場は sand pit です。

④ 同様に pat（軽くたたく）も行う。：Let's read another word.

⑤ 今日の音が単語の中で聞こえるか聞き取る練習をする。：Listen to /p/.
　指導者：今から先生がプリントの絵を英語で言います。その単語に /p/ の音が聞こえるか，よく聞いてください。/p/ の音が聞こえたら，その絵に○をつけてください。

⑥ 今日の文字と既習の文字を使って単語を書く練習をする。Let's write a word.
　指導者：（3）の tap は今まで習った音だけでできています。どの音でしょう？　プリントの「チャレンジ！」に書いてみましょう。（指を使い一つひとつの音を聞かせる）

ワークシート ㊾ 英語の音と文字（5）

Date :　　／　　Day :　　　Grade :　　　Class :　　　Name :

▶ 文字の練習をしよう。

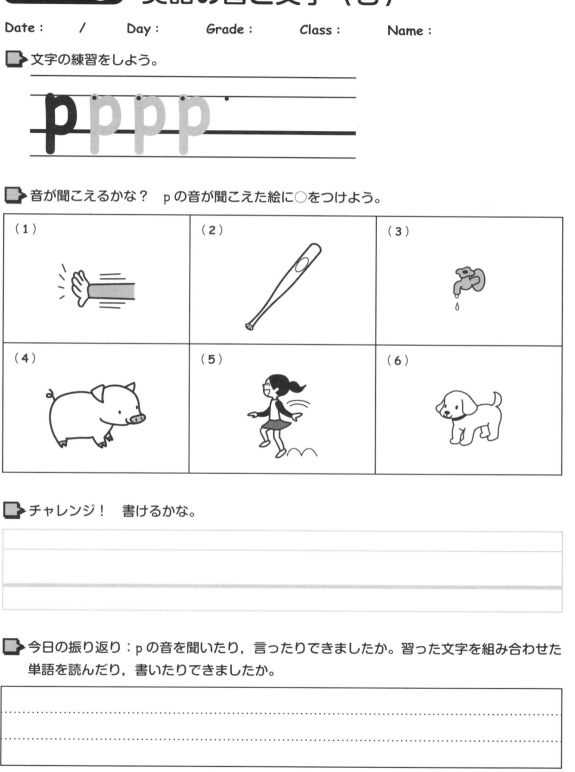

▶ 音が聞こえるかな？　p の音が聞こえた絵に○をつけよう。

(1)　(2)　(3)　(4)　(5)　(6)

▶ チャレンジ！　書けるかな。

▶ 今日の振り返り：p の音を聞いたり，言ったりできましたか。習った文字を組み合わせた単語を読んだり，書いたりできましたか。

⇩ n の音を聞いて，言って，書いてみよう

50 英語の音と文字（6）

5年・6年 読むこと・書くこと

　n＝「ん」と思っている人が多いですが，実は，日本語の「ん」は1つの音ではありません。「しんぶんを　さんかいよんだ」。この中にある「ん」は，実は英語話者にはすべて違う音に聞こえます。

　まず，唇が閉じる「ん」はどれでしょうか？　最初の「ん」です。この唇を閉じて出す音はmの音です。残りは唇を閉じずに出す「ん」ですが，舌先が上前歯の歯茎に当たるものが一つあります。最後の「ん」です。この舌先を上前歯の歯茎に当てて出す音がnの音。2つ目の「ん」は舌がどこにも当たらない音で，英語にはない日本語の音。そして，3番目の「ん」は舌が喉の方に押し上げられるような音で，これはngの音です。

　児童に指導するときには，日本語と比べてみると日本語との音の違いに気づきが出て，おもしろいでしょう。

活動の進め方（nの字を学ぼう）：Today's letter is "n."

① 今日の文字の音の確認をする。：Let's learn "n."
　指導者：今日は「n」の音です。まず日本語からいきます。（黒板に次の文を書く）「しんぶんをさんかいよんだ」はい，これ，みんなで読んでみましょう。（みんなで読む）
　指導者：この「ん」の音は英語を話す人には全部違う音に聞こえます。唇と舌に気をつけて発音したときに違いがわかりますか？
　　　　　（上記発音の中にある説明を児童に行う）
　指導者：この /n/ の音は，唇を閉じずに上の前歯の根本に舌をつけて出してくださいね。
② 今日の文字を書く練習をする。：Let's write the letter /n/.
　指導者：この /n/ はこう書きます。（黒板に大きく n を一筆で書いて見せる）上の線から始まって，下まで降りて，また跳ね上がります。そのまま，山を書いて下の線まで降りましょう。みんなも手を出して一緒に空書きしよう。
　　　　　（その後，プリントに書く練習をさせる）
③ 今日の文字と既習の文字を使って単語を読む練習をする。：Let's read a word.
　指導者：今日も今まで習った文字を使って，単語を読んでみます（黒板に in と書く）。さぁ，この単語を一文字ずつゆっくり発音してみましょう（指・児：i~~~n）。
　指導者：だんだん速く読んでいきましょう（指・児：i~~n, i~n, in）。
　指導者：in という単語が読めました。in は，in my bag で使う「〜の中に」でしたね。
　指導者：次にこの単語を読んでみましょう（黒板に pin と書く）。
　指・児：p~~~i~~~n, p~~i~~n, p~i~n, pin
　指導者：pin と読めました！　これはみんなもよく知っている「ピン，画びょう」ですね。
④ 今日の音が単語の中で聞こえるか聞き取る練習をする。：Listen to /n/.

指導者：今から先生がプリントの絵を英語で言います。その単語に /n/ の音が聞こえるか，よく聞いてください。/n/ の音が聞こえたら，その絵に〇をつけてください。

⑤ 今日の文字と既習の文字を使って単語を書く練習をする。: Let's write a word.
指導者：（1）の pin は今まで習った音だけでできています。どの音でしょうか？ 同様に ant, pan も書いてみましょう。（指を使って一つひとつの音を聞かせる）

ワークシート㊿ 英語の音と文字（6）

Date : / Day : Grade : Class : Name :

▶ 文字の練習をしよう。

▶ 音が聞こえるかな？ n の音が聞こえた絵に〇をつけよう。

| （1） | （2） | （3） | （4） | （5） | （6） |

▶ チャレンジ！ 書けるかな。

▶ 今日の振り返り：n の音を聞いたり，言ったりできましたか。習った文字を組み合わせた単語を読んだり書いたりできましたか。

【編著者紹介】

川村　一代（かわむら　かずよ）

皇學館大学准教授

【執筆者一覧】（掲載順）

鈴木由季子　愛知県尾張旭市立本地原小学校教諭
…アクティビティ②③㉒㉝㊴㊵担当

久保田香直　愛知県安城市立安城西中学校教諭
…アクティビティ⑤⑩⑱㉛㉜㊶担当

加藤　拓由　愛知県春日井市立鷹来小学校教諭
…アクティビティ⑥⑧⑬⑯㉞㊷担当

西崎有多子　愛知東邦大学教授
…アクティビティ⑨⑭㉑㉙㉟担当

山田　幸子　三重県鈴鹿市立神戸小学校教諭
…アクティビティ⑪⑫㉓担当

岡井　崇　三重大学教育学部附属小学校教諭
…アクティビティ⑮⑰㉚担当

藤田しおり　三重県津市立安東小学校教頭
…アクティビティ⑳㉔㊲担当

鷹巣　雅英　三重県小学校英語教育研究会会長
…アクティビティ㉘㊱㊳担当

清水万里子　岐阜女子大学非常勤講師
…アクティビティ㊸㊹担当

山下桂世子　英国 Ashbrook School
…アクティビティ㊺㊻㊼㊽㊾㊿担当

〔本文イラスト〕木村　美穂

小学校英語サポートBOOKS
1日10分　語彙・表現がしっかり定着！
小学校外国語アクティビティ50

2019年2月初版第1刷刊　©編著者　川　村　一　代
発行者　藤　原　光　政
発行所　明治図書出版株式会社
http://www.meijitosho.co.jp
(企画)赤木恭平　(校正)㈱東図企画
〒114-0023　東京都北区滝野川7-46-1
振替00160-5-151318　電話03(5907)6702
ご注文窓口　　　　電話03(5907)6668
＊検印省略　　　　組版所　株式会社ライラック

本書の無断コピーは，著作権・出版権にふれます。ご注意ください。
教材部分は，学校の授業過程での使用に限り，複製することができます。

Printed in Japan　　ISBN978-4-18-160523-0
もれなくクーポンがもらえる！読者アンケートはこちらから
→